insel taschenbuch 1160

Arnold Ruge

Der Patriotismus

Arnold Ruge, geboren am 13. September 1803 in Bergen auf Rügen, ist am 31. Dezember 1880 in Brighton gestorben.
Mit seiner publizistischen Tätigkeit hat der philosophische und politische Schriftsteller Arnold Ruge stets Akzente zu setzen verstanden. 1838 gründete er die »Hallischen Jahrbücher für deutsche Wissenschaft und Kunst«, das Organ der Jung-Hegelianer. 1844 gab er die deutsch-französischen Jahrbücher heraus, die sofort der Zensur zum Opfer fielen. Zwei Jahre später beteiligte er sich am Verlag Julius Fröbels, und in London schließlich gründete er 1849 zusammen mit Ledru-Rollin und Mazzini das »europäisch-demokratische Komitee«. Er gehörte der Frankfurter Nationalversammlung von 1848 an und setzte sich dort für seinen Antrag ein, einen »Völkerkongreß ins Leben zu rufen zu dem Zwecke einer allgemeinen europäischen Entwaffnung«.
Als Arnold Ruges Schrift über den Patriotismus 1844 erschien, war der Autor bereits einer der einflußreichsten Publizisten seiner Zeit. Viele fürchteten den bissigen Kritiker, verfolgten ihn als gottlosen Freigeist, verleumdeten ihn als gefährlichen Nihilisten, als Verräter an der deutschen Sache. Andere aber bewunderten an ihm den unermüdlichen Vorkämpfer für eine auf Vernunft und Freiheit begründete bessere Welt. Die Zeitgenossen auf das mühselige Geschäft der Freiheit vorzubereiten, darin sah Ruge das Ziel seiner Opposition. Die Empörung, die seine seit 1844 geführten Attacken gegen den Patriotismus auslösten, waren für den unermüdlichen Kämpfer die Bestätigung, den Feind an seiner verwundbarsten Stelle getroffen zu haben.
Daß seine Schrift über den Patriotismus grundsätzliche, zeitlose Beobachtungen wiedergibt, zeigen die jüngsten nationalistischen Entwicklungen innerhalb Osteuropas, aber auch die nationalen Strömungen, die im Blick auf eine Vereinigung der beiden Teile Deutschlands sich immer stärker herausbilden.

Inhalt

Der Patriotismus

Wer ist noch patriotisch?
  Die Reaction.
Wer ist es nicht mehr?
  Die Freiheit.

Nations, mot pompeux pour dire *barbarie*,
L'amour s'arrête-t-il ou s'arrêtent vos pas?
Dechirez ces drapeaux! une autre voix vous crie:
L'égoisme et la *haine* ont seuls une Patrie:
La Fraternité n'en a pas.

Lamartine

Vorwort

Seit der französischen Revolution läuft die Geschichte nun über ein halbes Jahrhundert, und wir haben es nur wieder dahin gebracht, daß fast überall die Freiheit Hochverrath und die Wahrheit Ketzerei ist. Die Welt muß die Freiheit gegen die Herren und die Wahrheit gegen die Unwissenden wieder zu Ehren bringen.

Wird sie es vermögen? Wer sollte nicht zweifelhaft werden in Zeiten, wie die unsrigen? Aber die Menschheit hat schon genug geleistet, um unser Zutrauen zu verdienen. Was jetzt unmöglich scheint, ein Reich freigebildeter, unbeherrscht lebender Menschen, war einst wirklich, und die damalige Wirklichkeit beherrscht die jetzige, sie hat in jedem edlen Herzen ihre Wohnung, in jedem denkenden Kopfe ihren Anhänger. Oder gab es für die Menschheit eine andere Zeit der Größe, der Schönheit, des geistigen Aufschwungs, als die Zeit der Republik? Sind die wenigen Jahrhunderte der griechischen und römischen, sind die wenigen Jahre der französischen Republik nicht mehr werth, als die ganze übrige Geschichte? Sie sind die Zeiten wirklicher Menschen und beweisen dem gemeinen Troß, daß nur in seinen Schädeln, allerdings einer verdrießlichen Realität, das Utopien der Freiheit und Wahrheit liegt.

Das trübe Land und das wüste Volk der Germanen hat ein Jahrtausend Zeit gebraucht, um sich einigermaßen, wenn nicht politisch, doch religiös aufzuklären. Die Griechen in beiden Sphären zu erreichen, dahin haben sie noch weit, und wenn Goethe die Romantik los ist, so verehren ihn viele Tausende, die es nicht merken. Noch hat kein deutscher Dichter Goethes religionsfreie Humanität wieder erreicht, ein sicheres Zeichen, wie weit wir seit funfzig Jahren – gekommen sind. Es ist sehr natürlich. Die Religion ist die Philosophie des unversöhnten, des unterdrückten, des unglücklichen, des ungebildeten, des verzweifelnden Menschen. Nur freie Männer haben keine Religion. Sucht bei Sokrates, bei Platon, bei Perikles, bei Aristoteles, ja, sucht bei den Schülern der Griechen unter uns, die es wirklich sind, sucht bei Goethe und Hegel Religion: ihr sucht den Geist, den ihr begreift.

Aber desto mehr, werdet ihr sagen, liebten die alten und die neuen Republikaner ihr Vaterland. Sie liebten es, *denn ihr Vaterland war die Republik.* Nur der alte und der neue Republikaner kann das Vaterland an seinen Sohlen nicht mit sich nehmen; denn draußen ist die Barbarei. Der tyrannisirte Mensch hat kein Vaterland, denn draußen ist die Menschheit; und der Mensch der civilisirten Welt, der Civilmensch, hat keine Ursache zur Vaterlandsliebe. Die Zeit des civilisirten Industriemenschen bricht die antike Periode des Aufschwungs, den die französische Republik freilich mehr in den Gedanken Einzelner, als in der Durchbildung Aller nahm, wieder ab, und hebt damit auch den Patriotismus wieder auf, der nur Sinn hat als Begeisterung für ein freies humanes Gemeinwesen, das von den *Barbaren* gefährdet ist.

Der civilisirte Mensch hat keinen Patriotismus, alle klassischen Erinnerungen erzeugen ihn nicht. Sein Vaterland ist überall, wo er seine Interessen findet, UBI BENE IBI PATRIA ist sein Spruch. Der Mensch der wirklichen Humanität, so lange sie nicht in ein bevorzugtes Volk constituirt ist, hat sein Vaterland überall, wo er die Freiheit findet; sein Spruch ist HOMO SUM, HUMANI NIHIL A ME ALIENUM ESSE PUTO.

Fassen wir einen Augenblick die Civilisation ins Auge. Der Patriotismus fällt in ihr nicht als freie Gesinnung, sondern als Handwerkstic ganz allein dem Militair zu; alle Civilstände sind frei von ihm.

Zuerst die Gelehrtenwelt. AB JOVE PRINCIPIUM. Sie ist die allgemeine. Die Thaten des Denkens und des Wissens geschehn für alle Völker. Der Humanismus des Gelehrten ist aber sehr abstract. So gewiß die Thaten, die der Gelehrte vollbringt, human sein, zum wenigsten einen allgemeinen Charakter haben müssen, so roh kann der Gelehrte und selbst der Philosoph in Sitte und Charakter sein. Aber es ist Sitte aller Gelehrten, Weltbürger zu sein.

Eben so allgemein, wie die Gelehrtenwelt, ist die des Glaubens, das Christenthum, das kosmopolitische Christenthum; es ist der transcendente Humanismus. Nimmt man ihm die Transcendenz, so ist es wahr.

Mit der Liebe, die doch jedem civilisirten Menschen beim Glauben in den Sinn kommt, ist noch weniger anzufangen, als mit dem Denken und Glauben, um sie für den Patriotismus zu gewinnen. Die Blutsunterschiede sind nur die Pole des Magnets, die Wahlverwandtschaft der Liebe, die in dem fremden ihr anderes Ich entdeckt. Die Liebe und das Princip der Familie ist so unpatriotisch, wie die ganze Civilisation, die darauf gegründet ist. Die Civilisation, indem sie das Privatleben zum Zweck macht, hat die öffentliche Freiheit vernichtet und dagegen die heimliche Praxis der Liebe – die Erzeugung des Fürsten, zur höchsten öffentlichen Angelegenheit erhoben. Die Civilisation, die sich seit der Auflösung des Staates oder der Republik, die Familie zum Zweck und zum Herrn gesetzt, sie stellt die Dynastieen so entschieden weltbürgerlich, daß sie von Vater und Mutter immer zweien Nationalitäten angehören. Sind die Völker noch nicht verbrüdert, so sind es wenigstens ihre Herren.

Der Dynastie folgt der Adel. Er wohnt überall, er heirathet überall hin. Der Adel aller Culturvölker hängt fest zusammen. Er regiert mit den Dynastieen die jetzige Welt, er sucht selbst Dynastieen im Kleinen zu gründen, durch Autonomie und Majorate, das bindet ihn aber an keine Grenze, wenn er weiter greifen kann, und er hat – kein Vaterland.

Der Handelsstand, wenn er sein Ideal erreicht, führt Welthandel, und das Haus ist um so größer, je mehr Comptoire es in aller Fremde hat.

Ja, sogar der Handwerker, wenn man ihn nicht festbindet an die Grenzpfähle der Polizeistaaten, wandert, so weit der Himmel blau ist, denn seine Arbeit braucht man überall, und er wird sich nie besinnen, dort zu arbeiten, wo er es am vortheilhaftesten findet.

Der Bauer dagegen, der es nicht zum Edelmann gebracht hat, der Handwerker, dem es an Kühnheit, und der Krämer, dem es an Ausbreitung fehlt, sind die verkümmerten Gestalten der civilisirten Stände. Für sie ist die Heimath ihr Dorf, aber das Heimweh ist keine Vaterlandsliebe, es ist keine politische Gesinnung, es ist ein Naturtrieb. Gegen ihn ist nichts zu sagen. Er gehört aber auch nicht in die Epoche der Civilisation, sondern in die Vorzeit. Wer aber am entschiedensten aus der Civilisation entspringt, die Handels- und Fabrikbevölkerung ist überall die entschiedenste Gegnerin des Patriotismus. Sie fühlt sich sowohl mit ihrer Noth, als mit ihren Erfolgen ganz außer der Staatssphäre. Sie kennt nur die bürgerliche Gesellschaft, die überall ist und nirgends abschließt.

Erst die Revolution, welche einen Anlauf nahm, die ganze Weltordnung der Civilisation aufzuheben, vom Privatwesen zum öffentlichen, und durch die Republik zum Humanismus zu gelangen, brachte der Welt das Recht zum Patriotismus zurück. Nur wo man die Freiheit zu vertheidigen glaubte, war man patriotisch. Gönne man daher jetzt, wo die Freiheit aufgehört hat zu existiren, auch dem Patriotismus seine Ruhe.

Man hat gemeint, wir befänden uns mit unserer Kritik in einer ganz besondern Lage. Dies ist nach dem eben angeführten ein Irrthum, welcher nur den verführen kann, der die allgemeine Lage der gegenwärtigen Welt nicht begreift. Die Civilisation hat Recht, den Patriotismus aufzuheben, aber sie hat Unrecht, nicht den Humanismus an seine Stelle zu setzen. Sie will den Staat nicht zum Zweck, sondern zum Mittel: das ist richtig, sie will aber auch den Einzelnen nicht zum Zweck, sondern zum Mittel; das ist unrichtig, und sie verliert darüber alle vernünftigen Zwecke und verfolgt lauter unvernünftige. Die politischen Fragen, welche jetzt in Frankreich unter dem Namen des Socialismus verhandelt werden, und vor allen Dingen als

Kritik der Civilisation bedeutend sind, haben für Deutschland ein großes Interesse. Diese praktischen Probleme müssen bei uns nationalisirt werden; und vielleicht wird es sich zeigen, daß die französische Politik bei aller Phantastik der sogenannten Utopisten doch mehr fruchtbare Gedanken enthält, als die deutsche Theologie. Mit dieser Rettung französischer Denker, die schon begonnen hat, ist zugleich die Rettung des politischen Denkens in Deutschland gewonnen. Umgekehrt ist es nirgends nöthiger, als in Frankreich, die Theologie auch theoretisch zu überwinden, und es ist leicht zu erkennen, daß die regsamsten Geister der Nation auf den Punkt hingedrängt werden, wo das Wort des Räthsels hervorspringt. Merkwürdig sind in dieser Hinsicht Herrn Comtes Bücher zu Vorlesungen; auch Quinet rückt der radicalen Kritik des Christianismus unaufhaltsam entgegen.

Wir werden mit den Franzosen zusammenkommen so oder so.

1. Befreundung der Deutschen und Franzosen

Man verklagt die deutschen Franzosenfreunde bei der deutschen Presse, man fordert sie vor die Vehme dieses heimlichen Gerichts. Welcher Gottlosigkeit sind sie schuldig? Sie haben keinen Patriotismus. Welchen Frevel haben sie vor? Die Befreundung der Deutschen und Franzosen.

Der deutsche Patriot fürchtet diese Freundschaft. Sie ist Frevel an seinem Glauben, Verletzung seiner Liebe, Auslöschung seines Hasses, wenigstens der Phantasie von alledem, mit einem Wort, Zerstörung seiner Welt, denn sie wäre die Aufhebung des vielbesprochenen »Deutschthums« und »Franzosenthums« auf einmal, ja, sie wäre noch viel mehr, als die Zerstörung des Aberglaubens an die eigne Vortrefflichkeit und des Unglaubens an fremdes Verdienst; sie wäre Bildung und Freiheit.

Man fürchtet sich in Deutschland diesmal, wie immer, mit Recht, wenn in Frankreich von der Freiheit die Rede ist, wäre diese Freiheit auch nur die Vereinigung freier Männer.

Es sind nun aber die französische Revolution und die deutsche Philosophie, beide nicht wie sie sind, sondern wie sie sich bilden, die sich jetzt vereinigen. Ihre Fortbildung geschieht, indem sie sich in ein neues Element auflösen. Erst die aufgelöste Philosophie und die aufgelöste Revolution, das denkende und emancipirte Volk, sind wahrhaft furchtbar für die Gegner der freien Menschheit.

Wie kann sich die Philosophie, und wie vollends die

Revolution auflösen? Die Philosophie auflösen heißt nicht das Denken abschaffen, sondern es allgemein machen; es ist ziemlich deutlich, daß man jetzt darauf ausgeht; die Revolution des Staatslebens, der Geschäftsformen des Gemeinwesens, erweitert sich eben dadurch zu einer Reform der ganzen bürgerlichen Gesellschaft, der Formen aller Geschäfte, der Einrichtung aller Arbeit, die eine Einrichtung verträgt. Das *Denken* der Masse ist *Befreiung* der Masse. Die Masse muß wissen, daß sie in Knechtschaft lebt, sie muß wissen, wie sie frei werden kann, und sie muß selbst zur Ausführung der allgemeinen Einsicht wirken. »Arbeiter, meine Brüder sagt ein französischer Reformer, studirt, denkt, überlegt die Lösungen der socialen Fragen, die wir vortragen, und sogleich werdet ihr die unzähligen Plagen, die auf euch lasten, verschwinden sehn.« Jede nicht allgemeine Befreiung ist nur eine neue Knechtschaft. Ist der *Mensch* ein denkendes Wesen, so ist es *jeder* Mensch. Das philosophische Denken war ein Privilegium und die revolutionäre Freiheit exclusiv. Man hat daher die Revolution *unmenschlich* und die Philosophie *ungenießbar* gefunden. Die Philosophie war ungenießbar, aber warum? weil sie *theologisch* war. Die Unmenschlichkeiten der Revolution sind wahr genug, aber sie sind *religiös*. Sind die Verdächtigen nicht Ketzer? Ist das Revolutionstribunal nicht ein Glaubensgericht? Der *Fanatismus* der Tugend und die *Opfer* fürs Vaterland tragen sogar noch religiöse Namen. Der oben citirte Franzose sagt dagegen: »Wir predigen euch keine *Resignation*, keine *Selbstverläugnung*, keine *Opfer*, wir hoffen kein Glück jenseits des Grabes. Das Glück ist auf der Erde mitten unter unsrer Umgebung zu suchen.« Die Revolution war gegen die Religion; aber mit den Stichworten der Ascese und des Menschenopfers, die der Geist unsrer Zeit mit Recht verwirft, war sie es vollständig in religiöser Form. Sie hat daher auch Frankreich nicht von den religiösen Vorurtheilen befreit, sondern grade durch den Terrorismus, ihre höchste Spitze, grade durch Robespierre, den Priester der Tugend und des Schreckens, des guten und des bösen Gewissens, die religiöse Bewegung wieder hergestellt, die dann Napoleon mit seiner gewöhnlichen Plumpheit ganz wieder in das alte katholische Unwesen hinein stürzte. Zwar ist die Priesterparthei immer noch exoterisch, aber alle officiellen Partheien in Frankreich sind noch heutiges Tages *religiös*, und erst in der nichtvertretenen Masse, die keine Tagespresse und keine Deputirte hat, trifft man Freiheit von dem unwissenschaftlichen Glauben und das Bestreben, durch die *denkende* Masse *jeden* Menschen von allen geistigen und materiellen Fesseln zu befreien. Was thun also die Ankläger der Revolution und der Philosophie, indem sie die Freiheit durch die Unmenschlichkeit der Revolution und das Denken durch die Ungenießbarkeit der Philosophie zu beseitigen suchen? Sie klagen über die religiösen Erscheinungen, die in der Praxis den Menschen fanatisch, in der Wissenschaft scholastisch gemacht. Die wahre Auflösung der Revolution und Philosophie wird nur die Freiheit menschlich und das Denken allgemein machen.

Die deutschen Patrioten, von den ältesten Teutonen bis auf die jüngsten christlichen Germanen, sind Ankläger der französischen Revolution und der deutschen Philosophie;

vor der Bildung und Befreiung aller Menschen werden sie sich vollends *entsetzen*. Und wer ist wieder schuld an diesem Entsetzlichen? Die Franzosen, die Unruhe des französischen Geistes, der die Geschichte nicht aufhören läßt und nun selbst die ehrbare deutsche Philosophie in ihren Strudel hineinzieht. Darum fürchten die deutschen Patrioten eine Befreundung der Deutschen und Franzosen. Das Gespenst der »tiefen« Nacht fürchtet den Hahnenschrei des »gemeinen deutlichen« Morgens.

2. Bestehende Freundschaft

Indessen nicht vor allen Franzosen fürchten sich unsre Patrioten, und nicht alle Franzosen bedürfen noch erst der Befreundung mit den Deutschen. In Coblenz, auf den Höhen von Valmy und später in Verona waren Franzosen und Deutsche über die Unterdrückung der Freiheit vollkommen einig. Das ist dagewesen; aber ihre kanonisirte Verbrüderung für Alles, was »heilig« ist, vom Pabst bis zu dem letzten Seelenverkäufer, existirt noch in diesem Augenblick. Die Verständigung der Deutschen und Franzosen über die Reaction läßt nichts zu wünschen übrig, als den Wunsch der Progressisten, es ihnen gleich zu thun.

Nur die deutschen Patrioten stellen sich seltsam zu der Sache. Über die Congresse und Coalitionen aller möglichen Mächte, über die Congregationen und Conspirationen *gegen* die Freiheit, über die Bündnisse, Conferenzen und Beschlüsse zu ihrer Unterdrückung hat man sich in

Deutschland nicht beunruhigt; nun aber eine Vereinigung deutscher und französischer Schriftsteller *für* die Freiheit zur Sprache gebracht wurde, erschrecken alle deutschen Patrioten und schreien über die Unnatur eines so muttermörderischen Unternehmens. Und *welcher* Klytemnestra steht ihr bei? Um nicht Oreste zu werden, behaltet den Äghist, und wenn sie euren Vater hängen, so hängt euch aus Pietät daneben.

Auch der Patriotismus also macht einen Unterschied in seinem Haß, wie wir in unsrer Liebe der Franzosen. Diese Inconsequenz ist menschlich; vielleicht machen wir sie später zum Princip und thun das mit Bewußtsein, was die Patrioten aus dunklem Instinkt thun.

3. Unterschied der geistigen Vermittlung und der reactionären Verbindung

Allerdings ist die Vereinigung des deutschen und französischen Progresses eine andere, als die der Reactionäre.

Es ist hundert Jahre her, als ein Heiliger von der Sorte der Verzückten oder des bösen Wesens (CONVULSIONAIRES), Abraham Chaumeir, auf den Voltaire wiederholt zu sprechen kommt, die Encyclopädisten vor Gericht zog und ihr Werk als »Gift (VENIN) gegen den Staat, die Religion und die guten Sitten« denuncirte. Dieselben Stichwörter, dieselben Maßregeln, ein hundertjähriger Apparat gegen Vernunft und Freiheit, – weiter braucht es nichts, um die Reactionäre diesseits und jenseits des Rheins zu vereinigen. Über Maßregeln gegen die Freiheit der Menschen können sich die Herren von Preußen, Rußland und Östreich verständigen, eine intellectuelle Allianz zwischen ihnen ist überflüssig, weil die Intelligenz, die sich mit der Negation des ganzen freien Geisterreiches beschäftigt, sich dadurch zugleich selber die Mühe des Lernens spart. Die Progressisten haben es nicht so leicht. Nicht für den formulirten Unverstand, sondern für das Verhältniß neuer Formen, nicht für das Festhalten des alten Geleises einer abgemachten Sache, sondern für die Lösung neuer Probleme suchen sie sich zu vereinigen. Ihre Allianz ist keine polizeiliche, sondern eine wissenschaftliche, keine politische Verbindung, sondern eine geistige Befreundung. Sie kennen das Ziel nur ganz im Allgemeinen; – um es zu erreichen, schlagen sie die verschiedensten Wege ein, und die Freundschaft hat hier vielmehr die Bedeutung, daß jeder die verschiedenen Wege des Andern beachten und kennen lernen, als daß er gradezu dasselbe mit ihm thun sollte. Dennoch ist diese Arbeit der geistigen Vermittlung, sobald sie nur wirklich begonnen hat, viel mächtiger, als die Decrete der Reaction mit ihrer hundertjährigen Einförmigkeit. Jede platzende Rakete der intelligenten Aufschwünge zündet so viel neue Lichter an, als sie zerstiebende Funken sprüht.

4. *Einheit der Völker in ihrem wahren Interesse*

Das Interesse einer geistigen Vereinigung, d. h. das intellectuelle Interesse aneinander, haben nur die politischen Völker, solche, die selbst denken und handeln. Ein politisches Volk z. B. sind die Preußen nicht zu nennen. Men-

schen, die gemeinschaftlich weder denken, noch handeln, sondern nur verwaltet und commandirt werden, sind noch kein politisches Volk. Preußen interessirt nicht als Volk, nur als Macht. Wodurch interessirt uns ein Volk? Durch seine Arbeit für die Freiheit, d. h. durch seine Arbeit an sich und seinem Gesammtbewußtsein. Nur zwei Völker, die sich in dieser Arbeit begegnen, können sich wirklich und mehr als äußerlich vereinigen. Sie können ihre Ideen austauschen und ihre Schicksale mit einander theilen.
Die politischen Völker, die wirklich herrenlos sind, können über vermeintliche Interessen streiten, über ihr wahres Interesse, die Freiheit, werden sie einig sein und die Ausbildung der Freiheit für ihre gemeinsame Aufgabe anerkennen. Eine solche Gemeinschaft wäre die Aufhebung des Patriotismus.

Helvetius (DE L'ESPRIT DISCOURS II. 25.) sagt: »In der That, wenn die Verschiedenheit der Interessen der Völker sie gegen einander in einem Zustande des ewigen Krieges hält; wenn die Friedensbündnisse, die zwischen den Völkern geschlossen werden, eigentlich nichts weiter sind, als Waffenstillstände, die man mit der Zeit vergleichen kann, die nach einem langen Kampfe zwei Kriegsschiffe sich nehmen, um sich wieder auszurüsten und den Kampf von Neuem zu beginnen; wenn die Völker ihre Eroberungen und ihren Handel nur auf Kosten ihrer Nachbarn ausbreiten können; endlich wenn das Glück und die Vergrößerung eines Volks fast immer an das Unglück und die Schwächung eines andern geknüpft ist: so ist es einleuchtend, daß die *Leidenschaft des Patriotismus*, eine Leidenschaft, die so wünschenswerth, so tugendhaft und so achtbar an einem Staatsbürger ist, durchaus, wie dies auch das Beispiel der Griechen und Römer beweist, *die allgemeine Liebe umschließt.**

Um diese Tugend zu erzeugen, müßten die Nationen durch Gesetze und gegenseitige Verträge sich vereinigen, wie die Familien, die einen Staat ausmachen, daß das Sonderinteresse der Völker einem allgemeinen Interesse unterworfen würde und endlich die *Liebe zum Vaterlande* in den Herzen verlöschte, zugleich aber das Feuer der *allgemeinen Liebe* sich entzündete – eine Voraussetzung, die sich noch lange nicht verwirklichen wird«.

Helvetius macht das Interesse des Menschen (l'amour de soi) zum Princip der Gesetzgebung oder der moralischen Welt, und hier nimmt er die Liebe zum Vaterlande, ja sogar die Liebe zur Menschheit ohne Untersuchung an. Er mußte fragen, wie verhält sich Liebe und Interesse? Das Interesse jedes Einzelnen ist die Freiheit oder die Lebensthätigkeit, in der sich der Mensch selbst hervorbringt und befriedigt. Das Interesse der Völker, sobald es erkannt ist, kann kein anderes sein, nur durch die Befriedigung des einzelnen wirklichen Freiheits- und Humanitätsinteresses kann das allgemeine Interesse erreicht werden. Die *wahren Interessen* des wirklichen Egoismus der Einzelnen und der Völker, die den wahren Inhalt ihres Ichs wollen, fallen daher mit der *Freiheit* zusammen. Auch giebt Helvetius zu, »daß im Gebiet des Geistes das Interesse der

* Muß heißen »ausschließt«; vgl. Helvetius a. a. O.: »... il est évident que la passion du patriotisme ... est absolument *exclusive* de l'amour universel.« [Anm. d. Herausgebers]

Nationen kein streitendes sei; Einsicht und Wissenschaft erwirbt ein Volk nicht auf Kosten seiner Nachbarn«; Freiheit eben so wenig.

Was also ist das Hinderniß der Vereinigung? Die *vermeintlichen* Interessen und die Unklarheit über die wahren Interessen der Völker, woraus ein *falscher Haß* und eine *falsche Liebe*, ein *falscher Egoismus* und eine *falsche Hingebung* entsteht.

Welches ist das Interesse der Franzosen? *Allen* Franzosen, und alle machen doch erst das Volk, kann es nur daran liegen, daß jeder Einzelne frei seine Bestimmung erreiche. Die Gefahr Frankreichs ist die Reaction zu Theorieen und Einrichtungen, die nicht *jeden* Franzosen, sondern irgend eine Clique und Klasse zum Zweck des Ganzen machen, das dynastische, priesterliche, bürgerliche Vorrecht.

Welches andere Interesse könnten *alle* Engländer haben? Und welches ist die Gefahr Englands? Das vermeintliche und falsche Land-, Industrie- und Handelsinteresse, dessen Befriedigung keinem Menschen zu Gute kommt und alle mit einander und mit der Fremde dazu in Krieg stürzt.

Von dem Interesse der Deutschen wollen wir gar nicht reden, da sie es selbst nicht wagen, auch nur daran zu denken und in unerhörter Gedankenlosigkeit und Indolenz die Todesgefahr der russischen und reactionären Verhöhnung aller ernstlichen Freiheit für ihr Glück erklären. Wer aber in Deutschland denkt, kann der anders denken, als daß seine eigne persönliche Freiheit und die Anerkennung jedes Einzelnen als den Zweck aller Vereinigung von Menschen mit dem Interesse anderer Völker nicht streiten könne?

Hält man den Raub und das Stegreifwesen für sein Interesse, so schlägt man sich auf allen Wegen und hat überall streitende Interessen.
Seit man den Raub ganz aufgehoben und alle Wege gerichtet hat, ist das Interesse Aller und jedes Einzelnen zugleich gewahrt. Die Räuber selbst, die doch sonst öfters todtgeschlagen wurden, wenn sie auch eben so oft todtschlugen, haben dabei gewonnen. Sie sind Menschen geworden.
Hält man die Piraterei und das Flibustierwesen für sein Interesse, so ist die See das ungastliche Pontos. Man hat sie gastlich gemacht, und die Humanisten, Philanthropen und Civilisirten, die sichern Verkehr und menschliche Grundsätze wollen, haben die Seeräuber und Sklavenführer vertilgt, um das vermeintliche Interesse Einiger durch das wahre Interesse Aller zu ersetzen.

Man wende dies auf die Barbarei unserer Industriesklavenhalter an, und der gleiche einfache Satz gilt noch einmal. Die Aufhebung alles Pöbels in solidarischer Vereinigung Aller zu den Zwecken der Humanität und Freiheit ist ganz dieselbe Sache.

Das Interesse Aller ist das Interesse jedes Einzelnen. Gegen diese triviale Wahrheit verstoßen alle, die eine Feindseligkeit der Interessen gegen einander zum Princip, statt zur Ausnahme von der Regel machen.

Entspringt nun die Vaterlandsliebe und der Patriotismus, wie Helvetius meint, aus dem streitenden Interesse der Völker, welches ist dann ihr Wesen?

5. Was ist das Wesen der Vaterlandsliebe und des Patriotismus

Alle Völker feiern die Vaterlandsliebe und den Patriotismus, vornehmlich aber ist die *Vaterlandsliebe* eine Tradition der *Naturvölker*, der *Patriotismus* der *Republiken*. Die Naturmenschen hängen an der Heimath, sie sind mit ihr verwachsen, sie verlieren in der Fremde die »Wurzeln ihrer Kraft«, die Gegenstände ihrer Gewohnheit, Bekanntschaft, Zuneigung, das Verständniß der Menschen, den verdorbenen, aber gewohnten Dialekt des Dorfes, der Landschaft; sie entbehren in der Heimath Alles, weil sie nicht im Allgemeinen zu Hause sind; daher das Heimweh, das Gefühl der Verlassenheit, die Sehnsucht nach dem gewohnten Element; der Fisch auf dem Trocknen wünscht sein Wasser, dem Süßwasserfisch schmeckt der Ocean, dem Seefisch der Teich nicht; selbst Zugfische und Zugvögel, die ihr heimisches Element verlassen, haben nur einen zeitweiligen Zweck dabei, es zieht sie mächtig heim, sobald er erreicht ist. Der Mensch und sein Heimweh geht natürlich ins Geistige mit seiner Sehnsucht, die Freunde, die Ältern, die Gespielen, die Geliebte ziehn ihn an, und je jünger er ist, desto poetischer faßt ihn dieser Zug. Er opfert ihm oft seine ganze Zukunft, er widmet ihm eine sklavische Arbeit von endloser Dauer, und er antwortet am Ende seiner Tage dem mahnenden Gewissen: diese Liebe war ein schöner Moment, ich habe als freier Mann sie und alle ihre Folgen über mich genommen. Die Einhausung durch das Heimweh fesselt die Bevölkerungen auch da, wo sie von der Natur hart mitgenommen werden.

Das Heimweh ist kein Princip, es ist ein Naturtrieb. Die Vaterlandsliebe, die mehr ist, die aus der Region des Triebes und des dunklen Zuges heraus tritt, was ist sie? Liebe zum Volk? Giebt es ein Liebesverhältniß zum Volk? In der Phantasie, ja; in Wahrheit, nein!
Wie man eine Vorstellung, Gott, die Tugend, das Recht nicht lieben, nur haben und hegen kann, eben so wenig kann man eine Gesammtheit, mehrere Menschen, die man nur zusammen denken, nicht zu Einem faßbaren, ergreifbaren und ergreifenden Gegenstand – und ein solcher ist der Liebesgegenstand – machen kann. Die Gedankeneinheiten oder Abstractionen Menschheit, Gattung, Volk, Vaterland liebt man nicht, man liebt nur *diesen* Menschen. Die Menschenliebe ist ein Kind der Gottesliebe, beide sind Phantasieen, religiöse, unklare, unmögliche Vorstellungen, wie Liebe zur Wissenschaft ebenfalls keine Liebe, sondern nur der Wissensdrang, der Eifer zu kennen und zu erkennen, nicht aber das lebensvolle, zeugungsmächtige Verhältniß von Mensch zu Mensch, von mir zu dir und dir zu mir ist.
Die Liebe hat immer nur Sinn im einzelnen Fall, denn sie ist eine Werkthätigkeit, ein Bezeigen und ein Erfahren. Eine Liebe von morgen und übermorgen kann heute noch Haß sein, eine Liebe von diesem Augenblick kann im nächsten die tödtlichste Feindschaft werden.
Die allgemeine Menschenliebe hat daher keinen andern vernünftigen Sinn, als die gebildete, humane, vernünftige, wohlwollende Gemüthsverfassung im Gegensatz zu einem brutalen, rohen, unvernünftigen und gehässigen Charakter. Diese allgemeine Menschenliebe schließt den Haß des

Einzelnen, der ihn verdient hat, nicht aus. Als allgemeiner Charakter ist sie natürlich gleichgiltig, bis einer ihre Liebe oder ihren Haß verdient hat; sie hat aber nicht nur das Vorurtheil, sie hat die Einsicht, daß die Weltbildung es in unsern Tagen so weit gebracht hat, ja, daß von Natur jeder Mensch gut und wohlwollend geartet ist. Den Menschen zieht es zum Menschen. Dies ist der Grund jedes realisirten Verhältnisses der Liebe, die Möglichkeit dieser schönsten Wirklichkeit.

Dem Romantiker ist die *wirkliche* Liebe nicht tief genug. Die Phantasie *aller möglichen* Liebe ist ihm mehr, als das reichste, schönste Leben des Liebenehmens und des Liebegebens. Es ist seine Natur, roh und lieblos gegen jeden wirklichen Menschen zu sein, weil er die phantastische Gewißheit hat, daß er Alle im Allgemeinen überschwenglich liebt. Aber wer sich einbildet im Allgemeinen zu lieben, der kennt die Energie der einzelnen wirklichen Liebe nicht, und wehe dem, der sie nicht kennt, all sein Schwelgen in unklaren Phantasieen bringt ihm keinen Augenblick der wahren Wirklichkeit, all seine schönen Worte, seine große Tugend, rettet ihn nicht vor der Härte, der Rohheit und der Lieblosigkeit. Es ist das Geschick derer, die im Allgemeinen die Tugend verehren, im Einzelnen ihr ins Gesicht zu schlagen. Die Gottesfürchtigsten thun die gottlosesten Thaten.

Wer liebt, hat kein System der Liebe.

Wer gut zu handeln gewohnt ist, spreizt und quält sich wenig mit Maximen.

Wer das Allgemeine versteht, dem verdreht es den Kopf nicht, im Gegentheil, der weiß, daß es nur im einzelnen

Fall Realität und Werth hat. Der verlangt es auch nicht dorthin als Fahne aufzupflanzen, wo es nothwendig zum leeren Phantom und zur tönenden Phrase werden muß. Man lasse also die Liebe zur Menschheit und zum Volk ruhig laufen und liebe dafür den Einzelnen, der es verdient und bedarf, man wird tausendfach an Energie gewinnen, was man an Phantasie verliert.

Einen directern Sinn als die *Vaterlandsliebe* hat der *Patriotismus.* Die Vaterlandsliebe ist die naturwüchsige, gemüthliche, gewohnheitsmäßige Anhänglichkeit an Heimath und Bekannte, an die Seinigen. Diese Anhänglichkeit, im Einzelnen realisirt, kann Liebe werden, im Ganzen und als Richtung auf das Vaterländische zugleich ist sie nicht weiter als zu einer unbestimmten Gefühlsbewegung, Sehnsucht, Schwärmerei, ja Krankheit zu bringen. (Die Krankheit ist überall das Gefühl des Mangels.) Der *Patriotismus* ist das *politische Gefühl* der Einheit mit den Seinigen, die Seinigen als Volk genommen. *Er ist das Selbstgefühl eines Volks* (d. h. der sämmtlichen Glieder desselben) *im Gegensatz zu einem andern.*

Sein Selbstgefühl *ohne* die Empfindung des Gegensatzes wäre nichts weiter als sein gesundes und freies Leben. Man hat gesagt, der Gesunde empfindet sich nicht, und doch führt jede Anstrengung, also jeder Gebrauch seiner Gesundheit, Ermüdung, Hunger und Durst, – kurz eine schmerzliche Selbstempfindung oder einen *innern Gegensatz* herbei. Beim Volke wären dies die innern Partheikämpfe, deren Verlauf man sich ebenfalls normal und geregelt denken kann. Will man es also genau nehmen, so ist auch das positivste Selbstgefühl durch das Gefühl des

Gegensatzes, wenn auch des überwundenen, bedingt; und man könnte das Selbstgefühl, welches seinen Gegensatz in sich hat und überwindet, ein positives, dasjenige, welches ihn außer sich hat und ihn darum nie völlig überwinden kann, ein negatives nennen. Der Patriotismus, dessen Selbstgefühl immer ein fremdes Volk sich gegenüber haben muß, wäre daher auch immer ein negatives Selbstgefühl.
Sind die Unsrigen in Gefahr, so ist es leicht sich für sie und gegen die Fremden zu entscheiden. In dem einfachen Verhältniß, wo jeder Fremde ein Feind und ein Räuber ist, wird dies Gefühl nie fehlen. Alsdann aber macht das Unsrige dem Feinde eine Faust, wenn er droht und kämpft, wenn er kommt, beides ist nur negativ; diesem Patriotismus fehlt aller Inhalt. Eigen und fremd, Freund und Feind sind die Gegensätze, die nicht mehr bedeuten wollen, als hier und dort, Rücken und Front. Ich stehe, wo ich zu Hause bin.

6. Die Volkseigenthümlichkeit

Man hat diesen Mangel sehr wohl empfunden und daher, besonders in der Zeit nationaler Begeisterung gegen die Weltmacht des französischen Kaiserreichs, nach einer positiven Auffassung des Patriotismus mit großem Kraftaufwande gesucht. Die positivste und einfachste Form, unter der man sich den Gegenstand des Patriotismus gedacht hat, ist die *Nationalität*, die *Eigenthümlichkeit* des Volkes, das *»Volksthum«*. Mit dieser Vorstellung ist unendlich viel Mißbrauch getrieben worden. Je einleuchtender es ist, daß jedes Volk, wie jeder Mensch, etwas Eigenthümliches, seinen aparten Charakter hat, um so mehr glaubte man darauf bauen zu können; aber was ist denn die vielgepriesene *Eigenthümlichkeit*? Doch gewiß nichts weiter, als der Unterschied der Existenz. Auch den Eigenthümlichsten wird man kein anderes Wesen, nur einen andern Menschen nennen. Wo steckt denn nun die Eigenthümlichkeit? Sie kann im Körper, in der Form des Lebens, und im Ausdruck der Gedanken stecken, wichtige Dinge allerdings – Naturbasis, Sitte und Sprache. Aber auf den *körperlichen Unterschied* wird man doch kein Gewicht legen, so lange er in den Grenzen der Menschlichkeit bleibt. Der Patriotismus, der es thäte, wäre nichts, als Raçenstolz und die Rohheit der Weißen in Amerika, die den Schwarzen und ihren Nachkommen die menschliche Ebenbürtigkeit absprechen. Ferner die *verschiedenen Sitten und Moden* sind schon durch die Bildung weltmännisch uniformirt; nur ausgesonderte Barbaren und isolirte Districte behalten ihren eignen Kleiderschnitt und eine stationäre Lebensweise. Eine deutsche Nationaltracht wieder herzustellen, haben daher die Teutonen von 1813 und 15 zwar ganz consequent, aber vergebens unternommen. Selbst *die Verschiedenheit der Sprachen* sucht die Geschichte durch eine Art Weltsprache, die französische, zu beseitigen. Der körperliche Unterschied, der den Unterschied des Bluts und des Naturells hervorbringt, bleibt im Grunde der einzige, der dem Strom der Weltbewegung ernstlich widersteht. Seine Aufhebung durch Mischung hat keinen Bestand und geschieht immer nur hin und wieder durch Zufall, obgleich grade jetzt die Völker leicht zu nennen wären, deren träges Temperament eine systematische Mischung mit feurigerem Blute sehr wohlthätig empfinden würde. Will man weiter gehn, als die *natürliche* Eigenthümlichkeit des Blutes und Naturells, (die übrigens noch innerhalb desselben Volkes wieder dieselben Unterschiede hervortreibt), will man den *formellen* Unterschied von *Sprache* und *Sitte,* der auch zwischen civilisirten Völkern noch übrig bleibt, geltend machen, so wird die Frage größtentheils eine *ästhetische,* denn des gleichen *Inhaltes* von Vernunft und Freiheit wird der fremde Volksgeist ohne Zweifel fähig sein. Hat doch selbst die Religion, sobald sie im Christenthum den Menschen und seine Eigenschaften in den Himmel erhob, die Grenzen der Völker überschritten! Unserer Bildung gegenüber erscheint nun die Himmelfahrt des Menschen als Aberglaube und Caprice, die Vorstellungen der Dogmatik als das Reich des Zufalls und der Phantasie. Hier also hätte die *Eigenthümlichkeit* noch das meiste Recht. Wenn einmal der Zufall im Reich der Gedanken herrscht, so macht *jede* Confession ebenbürtig und man wird in *jeder* Façon selig: jeder also mag so eigenthümlich denken, als es ihm beliebt; erst im Himmel macht er die Probe seiner Gedanken. Wo aber die Wahrheit ernstlich für alle sein und durchgesetzt, die Freiheit immer realisirt werden soll, da ist jede *Eigenthümlichkeit* des Gedankens gehalten sich *allgemein* zu machen. Eine Form, die sich von der Wahrheit unterschiede, eine Caprice, die der Freiheit widerspräche, wäre immer nur zu beseitigen.

7. *Freiheit. Kriterium der Eigenthümlichkeit*

In der Freiheit haben die verschiedenen Völker ihr gemeinsames Wesen. Von ihm wird ihre eigenthümliche Existenz kritisirt und geläutert.

Die Freiheit ist nicht national. So wenig als nationale oder ganz eigenthümliche Gedanken wahr wären, eben so wenig würde eine nationale Freiheit, die sich von der menschlichen unterschiede, eine wirkliche Freiheit sein. Wer einem Herrn gehört, ist überall ein Sklave. Es giebt verschiedene Sklaven, es giebt immer nur Eine Freiheit, die Arbeit an dem historischen Problem einer jeden Zeit, welche das Volk als constituirtes Gemeinwesen ausführt. Wenn man sagt, und man hat es genug gesagt, der Russe, der Preuße, der Östreicher, der Türke ist auf seine Weise frei, so fragt es sich, ob diese Weise human und vernünftig, ob sie nicht grade eine Form der Knechtschaft ist. Daß sie existirt, giebt ihr keinen Freibrief der Gültigkeit, und sich bei dem Mangel aller Freiheit auf die Eigenthümlichkeit ihrer Existenz zu berufen, ist entweder eine Dummheit oder eine Ironie. »Eine ganz eigenthümliche Freiheit«, sagte der französische Gesandte, als ihm der Kaiser Paul einmal die russische Freiheit so beschrieb: »In meinem Reiche ist Niemand etwas, als mit dem ich rede, und nur so lange, als ich mit ihm rede.« Dennoch hat man sich mit der *volksthümlichen Freiheit* immer in jener Alternative zwischen Aberwitz und Witz befunden, und man befindet sich noch darin, erklärt in allem Ernst die *Eigenthümlichkeit* selbst der Barbaren für ihre Freiheit und nimmt sich aus nationaler Theorie sogar der türkischen Nationalität an. Die

Augsburger Allgemeine Zeitung vom 31. Januar 1844 läßt sich aus Constantinopel schreiben: »Zu Salonichi hat die Hinrichtung eines Türken stattgefunden, der sich im Zustande des Rausches öffentlich über den Propheten, über den Koran und den Islam überhaupt unehrerbietige Äußerungen erlaubt hatte. Daß dieser Fall den Eifer Stratford Cannings noch mehr weckt, ist natürlich, doch scheinen seine Collegen sich Mühe zu geben, *um ihn in den Schranken der Mäßigung zu halten.* Die Instructionen, die der englische Botschafter in Angelegenheiten der wegen Rücktritts vom Islam zur christlichen Kirche hingerichteten Renegaten erhalten hat, sollen fulminant sein. *Schonender* scheinen die andern Mächte vorgehn zu wollen.« *»Schonender«* gegen die Barbarei, – *»in den Schranken der Mäßigung«* gegen die Verrücktheit! Handelt es sich denn hier um eine Pfeife Taback? Gott bewahre, antwortet die patriotische Zeitung, »um die *Nationalität* der Türken« und um die unmäßige *Humanität* Lord Aberdeens, der die religiöse Gurgelschneiderei seines barbarischen Minorennen nicht wieder einreißen lassen will. Aber, setzt sie hinzu, die Gurgelschneiderei ist »religiös und national«, »sie beruht auf einem *uralten Aberglauben des Volks,* welches die größten Gefahren für das Reich von den Abtrünnigen erwartet«. Die Gefahren des Reichs sind dagewesen, die »schonenden« Mächte haben sie herbeigeführt und benutzt; aber sie schonen den Aberglauben, *weil* er »uralt« ist und *obgleich,* so berichtet die Zeitung selbst, »der Fall in Salonichi, sogar auf die Moslemin den übelsten Eindruck gemacht hat,« – das heißt doch, obgleich jener Aberglaube nicht nur uralt, sondern auch gar nicht mehr am Leben ist, nicht einmal mehr »national« ist, sondern nur irgend einmal es *gewesen* sein soll, also vollständig der türkischen historischen Rechtsschule angehört. Wir haben gesagt, es giebt Deutsche, die sich der *türkischen* Nationalität annehmen, wir sind hinter der Wahrheit zurückgeblieben, wir überzeugen uns jetzt, es giebt Deutsche, und sie sind Normalpatrioten, die der *todten* türkischen Nationalität gegen die lebendigen Türken das Wort reden. Die *Eigenthümlichkeit* dieser Nationalitätstheorie ist ihre vollständige *Unabhängigkeit* von der allgemeinen Vernunft; eben so kann die *eigenthümliche* Freiheit eines Volkes nur in seiner *Unabhängigkeit von der allgemeinen Weltbewegung* bestehn, ein Glück, welches der deutsche Patriotismus in allem Ernst zu erreichen sucht.

8. Die Unabhängigkeit des Volks

Das *eigenthümliche* Volk fühlt sich *anders,* als die andern Völker, das *unabhängige* Volk fühlt sich *frei* von ihnen. Die Unabhängigkeit ist ein weiterer Ausdruck des negativen Selbstgefühls eines Volks, das man als Patriotismus gepriesen hat. Die Unabhängigkeit ist die Existenz des Volks. Soll es sich für seine eigne Existenz nicht interessiren?

Jeder will vor allen Dingen existiren. Dies ist wieder unendlich einfach; aber wer mit seiner Existenz nichts anzufangen weiß, wer nicht frei und menschlich zu existiren versteht, der interessirt sich mit Unrecht für seine Existenz, und wenn er umkommt, wird man ihn ohne Schmerz begraben. Als die Revolution allgemeine Principien geltend machte, widerstanden ihr die *eigenthümlich* und *unabhängig* von der Revolution fühlenden Völker; aber wie früher der Gedanke des himmlischen Menschen, so überwältigte jetzt der humane Gedanke, den irdischen Menschen zu befrein, die Absonderung, die Revolution drang siegreich über die Grenzen der Völker hinüber. Sie hätte ihrem Princip nach die Freiheit bringen müssen, sie hat sie auch immerhin gebracht, so gut sie sich bringen ließ und so lange sie ihrem Principe getreu, selbst ohne Herren war, aber sie verletzte *das Selbstgefühl der Völker,* oder vielmehr sie rief es durch ihren Druck erst hervor. War früher die Herrenlosigkeit der Bürger, der Staat und seine Verfassung, Freiheit gewesen, so wurde es jetzt: die Aufhebung der Eroberung.

Die *Volkseigenthümlichkeit* und *Unabhängigkeit* wurden nun die Parole, und der bloße Name des Volks zum Ruf der Freiheit, ja, dieser Schrei nach Existenz ward der Inhalt einer lyrischen Begeisterung, vor der jede andere erlosch. Es gab 1813–15 nichts Großes und Schönes, das der *Name deutsch* nicht einschloß, obgleich die ganze Vergangenheit der deutschen Geschichte, die ganze *Wirklichkeit,* so weit sie deutsch war und ist, nur den Kampf der Deutschen gegen Freiheit und Bildung enthielt (die italienischen Städte können ein Lied davon singen) und eben im Begriff stand, den Sieg der Reaction und der Barbarei in Europa zu entscheiden. Die wüste Aufregung der eroberten und aufgestörten Völker, die nicht ihre *politische Freiheit,* sondern nur ihre *Unabhängigkeit* von der allgemeinen Weltbewegung, nicht ein gemeinsames *Freiheits-*

princip, sondern nur die *Eigenthümlichkeit ihrer heimischen Knechtschaft* zu vertheidigen hatten, – die geistlose Völkerwanderung der Freiheitskriege, in denen man nichts haßte, als die *Fremden,* und kein anderes Recht kannte, als das *Hausrecht, – dies bedauerliche eingebildete Selbstgefühl einer nicht existirenden Nation* lebt noch als Nachklang in dem Gemüthe der übriggebliebenen deutschen Patrioten und ist bekannt als die Verlegenheitspolitik derer, welche die Ehre haben, sie zu commandiren.
Ist die Eigenthümlichkeit eine schlechte Art von Freiheit, so ist die *Unabhängigkeit* und das *Hausrecht* nicht viel besser. Das Hinauswerfen der Fremden mag national, es mag nothwendig, es mag sogar schwer sein und viel Blut kosten, eine wirkliche Befreiung ist es nur dann, wenn die Hausbewohner gebildete Menschen und die Eindringlinge Barbaren sind. Aber es ist nicht nöthig, daß die Vertheidiger des Hauses frei sind, es ist nicht nöthig, daß sie wirkliche Menschen sind, um das Haus tapfer und erfolgreich zu vertheidigen. Einen Feind, der in mein Haus dringt, können meine Hunde vertreiben. Es ist brav von ihnen; ihre Aufregung gegen den Fremden ist sogar eine juristische; ihre Liebe zum Hause, ihren Zorn gegen jeden, der nicht hinein gehört, ihre Kampflust gegen den Feind, ihren Gehorsam gegen den Hausherrn, das alles hat schon Plato in seinem Staate als die hündischen Tugenden seiner Wächter bezeichnet. Aber diese ganze häusliche Aufregung ändert nichts in dem Princip des Hauses, im Gegentheil, der Hausgeist hat in ihr nur seine Probe bestanden, und die Hunde sich nur gezeigt, wie sie sein sollen. So ehrenwerth sie sind, menschliche Würde, ein menschliches

Princip haben sie nicht erobert; und wenn sie für die Befreiung ihres Hauses gefallen wären, sie wären nicht als Helden, sondern als Hunde gefallen. Es ist hart, aber es ist wahr; die Thatsache ist brutal, aber es ist vergeblich, sie zu läugnen. Es ist kürzer, die Opfer in den Himmel, als die Überlebenden auf der Erde zur Würde freier Männer zu erheben, und keine Lehre kann den Herren hündischer Nationen besser gefallen, als die, welche die nationale Freiheit und die Ausübung des Hausrechtes hoch erhebt und unmittelbar als Freiheit preist. Abdel Kader ist ein Barbar, Algier war ein Raubstaat; aber wenn Abdel Kader, sei es auch mit Hülfe der Löwen und Hyänen, sein Hausrecht auszuüben im Stande wäre, es würden sich Leute finden, die sich in den arabischen Patriotismus hineindächten und ihn und seine Alliirten mit »Heil euch im Siegerkranz!« verherrlichen, wie man die Kosacken und Baschkiren im Freiheitskriege jubelnd begrüßte, ihre Tugenden pries, ja sogar ihre Lieder sang. Also die Völker sollen ihre Unabhängigkeit, ihre nationale Existenz nicht vertheidigen? Wenn sie eine schlechte und barbarische ist, nein! Die *Unabhängigkeit* der Völker hat keinen Werth, wenn die Völker werthlos sind. Es handelt sich um den Inhalt, um die Principien, die man vertheidigt, und nicht, daß sie national, sondern daß sie wahr sind, giebt ihnen ihren Werth. Man wird die Freiheit gegen jede Nation, am allermeisten gegen seine eigne vertheidigen; es ist roh, den Fremden, weil er fremd ist, niederzuschießen; es ist die höchste Bildung, in seinem eignen Hause nichts Freiheitwidriges existiren zu lassen.

9. Eigenthümlichkeit und Unabhängigkeit sind rohe Namen der Freiheit

Wenn wir nun weder dem Selbstgefühl, welches sich Sinn für *Eigenthümlichkeit*, noch dem, welches sich *Selbstständigkeits- und Unabhängigkeitsgefühl* nennt, ohne Rücksicht auf den Inhalt einen Werth zuschreiben, so ist damit natürlicher Weise nichts gegen das existirende Individuum und nichts gegen seine selbstständige Eigenthümlichkeit eingewendet; der Reichthum des Lebens sind die vielen Individuen, die es bilden, die Mannigfaltigkeit der Charaktere, in denen es sich bewegt; aber dieser Reichthum wäre die Armuth selbst, wenn die Individuen nicht alle in Einer Arbeit, in dem Leben der Einen Freiheit zusammenträfen, diese Mannigfaltigkeit wäre das Chaos und die Wüste selbst, wenn die Charaktere nicht alle für die Aufgabe des Ganzen wirkten, sondern jedes Individuum nur für sich existiren, seine Existenz und seine möglichst eigenthümliche Existenz zum Zweck erheben wollte. Wir haben also gezeigt, *daß es eine rohe Auffassung der Freiheit ist, wenn man nichts als die unabhängige und die individuelle Existenz zu ihrem Princip macht.*

10. Der wahre Grund des Selbstgefühls

Die Aufhebung des Patriotismus, die daraus folgt, ist nun diese. Es fragt sich zuerst, *ist das Selbstgefühl wirklich das Gefühl des Volks?* Dies ist die politische Frage und die Antwort natürlich, daß dies nur in der vollkommenen

Demokratie der Fall sein könne. Sodann fragt sich weiter: *ist das Selbstgefühl des Volks wirklich auf den Grund des freien Menschen gebaut?* Das ist die menschliche, die Bildungsfrage, und die Antwort eben so natürlich, daß dies bis jetzt noch von keinem Volke, selbst von dem nordamerikanischen nicht gesagt werden könne. Nur der Grund der wirklichen politischen Freiheit und zugleich der wirklichen Humanität und Bildung ist der wahre Grund zum Selbstgefühl für die Einzelnen und für die Völker.

Nicht also aus dem *Gegensatz* gegen andere freie Individuen, sondern *aus der Ehre und Genugthuung*, mit *ihnen übereinzustimmen*, entspringt das wahre Selbstgefühl; und wenn alsdann noch von Patriotismus gesprochen werden sollte, so würde er nicht in dem Haß, sondern in der Hochachtung freier Völker gegen einander bestehn. Aber der Patriotismus würde dadurch zur Bildung, zur Freiheit selbst, und zwar zur Freiheit von den Schranken der Naturrohheit, die Volk von Volk trennte.

Die Eigenthümlichkeit wird von Niemand höher geachtet, als von dem, der auf sie eingeht. Sie wird verletzt von dem, der es vergißt, daß er nicht die einzige Eigenthümlichkeit vorstellt.

Die Individuen erlangen ihren Werth und Inhalt nur in der Gesellschaft, wie die Gesellschaft ihre Mannigfaltigkeit und ihr Leben durch die Individualitäten, die sie in sich vereinigt. Der freie Mensch macht sich an die Arbeit, den Fremden verstehn zu lernen, sich mit ihm zu verständigen, der Patriot dagegen, grade er, der so großes Gewicht auf die Individualität und Eigenthümlichkeit legt, weiß mit der fremden Eigenthümlichkeit nichts anzufangen, als sie zu hassen und gelegentlich todtzuschlagen. Das eine ist Rohheit, das andere Bildung. Die Differenz zwischen den Individuen lösen, heißt sie aus der Vereinzelung, vom Zufall, von den physischen und sittlichen Schranken ihrer eignen Existenz erlösen. Die *Vereinzelung* erzeugt das Reich des Zufalls, die Noth der Existenz, die Vereinigung dagegen das Reich der menschlichen Freiheit, die Vernunft und die Befriedigung der Vernunft. Die Arbeit an den geselligen oder politischen Problemen ist die Freiheit. Der *Patriotismus* ist das Princip der vereinzelten, differenten Volksindividualitäten, der rohen Volksgeister, die beständig gegen einander in Harnisch sind. Das gereinigte, aus der Rohheit der alten Volksgeister entbundene Freiheitsprincip, welches jetzt zu gleicher Zeit die ganze civilisirte Welt ergreift und in England, Frankreich und Deutschland sich zu gestalten und zu einer klaren Fassung hindurch zu arbeiten sucht, ist der *Humanismus* (LE PRINCIPE HUMANITAIRE).

Gleichzeitig mit den englischen und französischen Socialisten hat die deutsche Philosophie den Menschen zum Grund und Zweck der Religion und Politik, der Theorie und Praxis des Menschenlebens erhoben. Die Philosophie ist ihrer Natur nach universell, die bürgerliche Gesellschaft ebenfalls. Beide stimmen in die Arbeit, dem Menschen seine eigne freie Welt zu erbaun, überein, und sobald dies Factum zum Bewußtsein kommt, hebt sich die Trennung von Theorie und Praxis auf, man kennt nur noch den einfachen Zweck, Verwirklichung des freien Menschen und Vermenschlichung seiner Welt; und überall, wo für diesen Zweck gemeinschaftlich gearbeitet wird, da ist,

wenn nicht das Vaterland, nur mehr als dies, das Bruderland.
Diese Alliance der Geistesrichtung in Deutschland, England und Frankreich, die vorhanden ist, stumpft den Patriotismus, den Nationalhaß und die Naturrohheit der verschiedenen Völker ab.
Nun muß man zwar zugestehn, was unsre Gegner so glücklich macht, es fehlt noch viel, um ein geläufiges Verständniß des neuen humanen Grundes der Dinge auch nur bei den Deutschen und Franzosen, den vorzugsweise denkenden Völkern, hervorzubringen, noch weniger ist für die Verwirklichung der Humanität oder universellen Freiheit geschehn, – dies ist eben die Arbeit, – aber die thatsächliche Vereinigung in demselben Princip ist vorhanden, sie erzeugt das neue Verhältniß, welches die Nationalen als Verfall, die Humanen als den größten Fortschritt bezeichnen.

11. Auflösung der Revolution in die Reform der bürgerlichen Gesellschaft

Die Revolution hat einen großen Schritt vorwärts gethan. Sie hat in der socialistischen Richtung der Engländer und Franzosen die *Kritik* gegen sich selbst gekehrt. Diese Richtung, deren Bedeutung nicht mehr zu verkennen ist, steigt aus der *Staatsregion* in die *bürgerliche Gesellschaft* (wir theilen hier mit Hegel ein) herab, d. h. sie befaßt sich ernstlich mit ihr und will die *bürgerliche* Gesellschaft, »das System der Bedürfnisse und der Arbeit«, in die *mensch-*

liche Gesellschaft, die ihre Bedürfnisse vorhersieht und ihre Arbeit nach dem wahren Bedürfniß der Freiheit und Humanität einrichtet, auflösen, oder vielmehr die Auflösung der bürgerlichen Gesellschaft, die in disparate, dem Zufall überlassene Individuen auseinanderfällt, aufheben, und die Constituirung, nicht nur der allgemeinen, sondern aller Geschäfte der Menschen unternehmen. Sie sagt: »die jetzige bürgerliche Gesellschaft, auch wie sie in Frankreich aus der Revolution hervorgeht, ist das System der Concurrenz streitender Interessen der sich selbst überlassenen Privatmenschen. Die Revolution wollte die Freiheit erzeugen und setzte die freigelassene bürgerliche Gesellschaft als die Bedingungen der Freiheit voraus, aber die Herrschaft des Zufalls, unter der sich hier die Menschen befinden, enthält nur die Bedingungen einer neuen harten Knechtschaft, eines Feudalismus der Industrie, der an Rohheit und Härte den mittelalterlichen Feudalismus weit übertrifft.« Ist die bürgerliche Gesellschaft nicht frei, so ist es auch die politische nicht. Die Unabhängigkeit und Freigelassenheit der bürgerlichen Gesellschaft ist keine Freiheit. Im Gegentheil, frei ist, wer statt des Zufalls die Vernunft zum Herrscher hat. Daß die Revolution die Bedingungen der Freiheit *voraussetzt,* daß sie fingirt, der Mensch könne auch bei der Unmöglichkeit einer menschlichen Existenz frei sein, ist der Selbstbetrug der Revolution. Ihre gegenwärtige Selbsterkenntniß und Selbstkritik besteht nun darin, daß sie *die Bedingungen der Freiheit,* die menschliche Existenz aller Mitglieder der bürgerlichen Gesellschaft, *erzeugen will,* um die Freiheit zu erzeugen, (wobei es sich von selbst versteht, daß die

Erzeugung aller Bedingungen die Geburt der Freiheit, und die Geburt der Freiheit die ganze Freiheit selbst ist). – Dies giebt der Revolution einen universellen Charakter. Sie gewinnt dadurch von Neuem die Fähigkeit, die ganze Welt bis in die völlig unpolitische Gesellschaft hinunter zu interessiren und in Bewegung zu setzen. Denn die jetzige bürgerliche Gesellschaft, mit der es die künftige Revolution oder Reform (denn es versteht sich von selbst, daß Revolution nichts anders heißt, als principielle oder radicale Umgestaltung geselliger Formen) ausdrücklich zu thun hat, die aber der alten Revolution hinter ihrem Rücken entstand und ihr darum auch unvermerkt über den Kopf wuchs, *sie ist der unmittelbare Zusammenhang, der sich durch die politische Unterscheidung der Menschheit, die Staaten, hindurchzieht, der allgemeine Boden der civilisirten Welt.*

Abgesehn nun davon, daß die bürgerliche Gesellschaft in England und in der ganzen Fabrikwelt schon in der Auflösung begriffen ist und überall an der großen Menschenverwahrlosung, die sie in sich trägt, einen äußerlichen Schaden zeigt, so fühlt sie auch selbst ihre eigne Unzulänglichkeit. Sie will den Zufall, den sie zum Princip hat, nicht anerkennen, sie setzt der *unsittlichen Weltverwirrung*, unter der sie erliegt, eine *moralische Weltordnung* entgegen, die sie in Aussicht stellt. Sie ergänzt den Mangel der wirklichen Existenz durch die Phantasie einer jenseits zu hoffenden Vollkommenheit. Die unerbittliche Noth durch den beschwichtigenden Glauben, die Last des Lebens durch die Phantasie der Religion. In der Religion wiederholt sich die Wirklichkeit, sie erhebt den Menschen und seine Verhältnisse in den Himmel; aber nicht die handfeste, anstößige Realität, die uns niederdrückt, sondern aus dem gefügigen Duft der Phantasie bildet sich diese zweite Welt, als lockende Fata Morgana am Firmament der wirklichen. Die Auflösung aller religiösen Phantasieen, Wünsche und Decrete in die ihnen zum Grunde liegende menschliche Wirklichkeit ist durch die deutsche Philosophie, durch Feuerbachs Wesen des Christenthums, vollzogen. Die Auflösung der diesseitigen wirklichen Welt, der *bürgerlichen* Gesellschaft in die *menschliche,* der verwahrlosten Menschheit in die wahre und gesunde, der Sklavenarbeit in freie, vernünftig constituirte, oder »organisirte Arbeit« ist das Problem des »Socialismus« in England und Frankreich. Er findet die Auflösung der Societät vor, und darum fordert er die Societät, »die Association«, eine Kritik und eine Forderung, mit der Fourier schon im Jahre 1808 auftrat, deren ganze Bedeutung aber erst die heutigen englischen Zustände klar gemacht haben. Nicht nur die Götzen des Gläubigen, auch die Fetische der Praktiker hat die Geschichte ans Licht gezogen, und sie wandern zusammen in den Schmelzofen ihrer Menschenschmiede.

Wer beide Erscheinungen versteht, wer den Mysterien der *Religion* und den Mysterien der *verwahrlosten Gesellschaft,* nachdem beide enthüllt sind, auf den Grund zu sehen vermag, dem wird es nicht entgehn, wie die Zeit in den drei Ländern gearbeitet hat. Die Einheit des deutschen und des englisch-französischen Humanismus braucht nicht erst hergestellt, sie braucht nur erkannt zu werden.

Beide sind die Erfüllung der Menschenwelt mit ihrem wahren Inhalt. Der religiöse Inhalt als Eigenthum und Inhalt der Menschenwelt macht das Glück und seine Verheißung, die Wahrheit und ihre Praxis zu einem Gegenstand des irdischen Strebens, zu einer menschlichen Function, der Inhalt der Freiheit, auf alle Menschen vertheilt, macht das politische Privilegium zu einem allgemeinen Besitz. Was die Revolution wollte, die Freiheit, das kann nur die Constituirung und Organisation der ganzen bürgerlichen Gesellschaft, der Arbeit jedes Alters und jeder Klasse erreichen.

12. Erst die totale Befreiung der Menschen ist auch die Aufhebung der Religion

Wie religiös die Revolution noch war, läßt sich daraus abnehmen, daß erst die Auflösung der Revolutionsfreiheit in die Freiheit der ganzen bürgerlichen Welt die wirkliche Aufhebung der Religion sein würde. Die freigelassenen Menschen, die ihrer größten Masse nach in die Sklaverei der Natur und der Industrie gerathen, leben in einer zu inhumanen Welt, als daß sie die formale des theologischen Idealismus entbehren könnten. »Wer sollte den Unterdrückten trösten, fragt Robespierre, wenn es keinen Gott gäbe?« So lange die menschliche Gesellschaft ihr Versprechen, die Unterdrückung aufzuheben, nicht gelöst hat, ist die *Verheißung*, daß es später einmal geschehn solle, nicht überflüssig. Dies ist die Religion. Man löst ihr Problem nicht, wenn man das Illusorische ihrer Verheißung erkennt, sondern wenn man sie mit ihrer Verheißung beim Worte nimmt und aus ihrem Morgen ein Heute macht. Die *Religion* wird erst dann überflüssig, wenn die verwahrloste Menschheit aus einer *Wirklichkeit* befreit ist, in welcher der Selbstverlust ihres Wesens ihr Schicksal und das vergebliche Ringen, es wieder zu gewinnen, ihr Trost ist. Wer die Religion nöthig hat, der wird Religion haben. Sie ist ein Product der Noth, und die Noth, die harte Nothwendigkeit nennt schon Hegel das Princip der »bürgerlichen Gesellschaft«. So lange die bürgerliche Gesellschaft eine in sich unbefriedigte Existenz bleibt, besteht die Religion neben der Kritik. Die Kritik, auch die socialistische, ist nur *theoretische* Aufhebung der Theorie des »Nothstaates«. Die *praktische* Aufhebung dieser religiösen und socialistischen Theorie der Nothdurft ist die, daß man sie überflüssig macht. Die Kritik der Religion durch die deutsche Philosophie kann den englisch-französischen Socialisten so ohne Weiteres zu ihren Zwecken nicht dienen, und auf der andern Seite ist die Arbeit der Socialisten Theorie geblieben und noch nicht so weit gediehen, daß sie die deutsche Kritik der Religion ohne Weiteres berichtigen und durch Reformirung der Wirklichkeit, *aus deren Noth und Mangel die Religion sich erzeugt*, die reelle Versöhnung der Welt mit sich selbst bewirken könnte. Ohne Zweifel ist die Verwirklichung dieses Princips eine weit aussehende Sache; auch wird es nie möglich sein, den Abfall von der wissenschaftlichen in die phantastische Welterklärung und von der Organisation in Desorganisation zu verhindern; nichts destoweniger muß die Geschichte des Menschengeschlechts diese Aufgabe fortdauernd verfolgen, und jede theilweise Lösung des Problems, jede neue ernstliche Proclamirung des Princips sogar ist eifrig zu ergreifen.

13. Patriotismus und Humanismus

Die Humanitätstheorieen haben im Völkerrecht, im Strafverfahren, im Weltverkehr Unglaubliches geleistet. Die Theorieen des Humanismus wirken schon jetzt gegen den religiösen und patriotischen Fanatismus. Sie heben den *Patriotismus* im Princip auf und beseitigen die alte rohe Differenz der Völker unter einander. Dagegen bildet sich in den Völkern eine neue, und diese wird vielleicht heftiger ausgefochten werden, als alle früheren Streitigkeiten. Die neue Differenz ist die totale, der Streit des Begriffs oder der Bestimmung des Menschen mit seiner Existenz. Es fragt sich nicht mehr, ist dieser Mensch ein Deutscher oder ein Franzose, sondern ist der Deutsche, der Franzose ein Mensch, ein freier Mensch, und er soll es nicht nur dem Namen nach sein, man verlangt seine humane, seine freie Existenz. Die wirklichen, die freien Menschen sollen keine Ausnahme von der Regel, ihre Erzeugung nicht das Privilegium einer Nation sein. Nicht irgend eine Nation, sondern die Menschheit in allen Nationen nimmt die fähigen Köpfe, die rühmlichen Thaten und die Ehre der Freiheit für sich in Anspruch. Noch mehr, nicht für die Größe Eines Menschen, sondern für die Freiheit aller, nicht für die Abgeschmacktheit der Privatgenies, sondern für die Bildung geselliger Genies, nicht für die Eitelkeit einer

Nation, sondern für die Verwirklichung des freien Menschen in ihr, nicht für die Kleinlichkeit eines individuellen oder nationalen Vorzugs, sondern für die Größe der Propaganda im Dienste des Humanismus schlägt das Herz des neuen Weltpulses.

Die Aufhebung des Patriotismus in Humanismus ist eine Form des gegenwärtigen Freiheits-Problems, eine Frage, die zur Aufräumung der Köpfe und zur Erweiterung der Herzen discutirt zu werden verdient. Die Ereignisse kommen der Auflösung des Patriotismus, dieser politischen Religion der bisherigen Welt mit aller Macht zu Hülfe. Welche Nation ist mit sich so in Bausch und Bogen zufrieden, daß sie auf sich pochen sollte? Und wo es geschieht, was folgt daraus? Haben die Deutschen sich nicht selbst verspottet wegen ihres hohlen Rheinliedsenthusiasmus? Und wie geht es bei den Franzosen zu? Man blicke nur um sich. Selbst die Republikaner, werden sie nicht lediglich durch den Patriotismus, so oft sie ihn herauskehren, auf die Seite der Reaction geworfen? Wir erinnern nur an die Fragen der Rheingrenze und der Befestigung von Paris. Beide sind patriotische Fragen und beide sind durch den Patriotismus z. E. des *National* vollkommen nach dem Wunsche der Reaction gelöst worden. Wenn die *Franzosen* den Rhein verlangen, so können die *Deutschen* ihren Franzosenhaß wieder in Schwung bringen. *Wenn aber das Princip der Freiheit den Rhein erreicht*, so ist die Reaction verloren. Worin besteht nun der Fehler dieser Freiheitsfreunde? In ihrer Unklarheit über das Wesen des Patriotismus, der sie mit dem Gespenst der Fremde schreckt und irre macht. Nicht die Fremden (LES ÉTRANGERS) sind ins

Auge zu fassen, sondern die *Gegner* (LES ENNEMIS), wo sie auch sind. Hat die Reaction die Ufer der Seine im Besitz, so wird von hier aus keine Seele erobert. Hat die Freiheit das Herz von Frankreich, so hat sie alle Herzen in Europa erobert. Der Patriotismus hat den Feind in der Fremde und vergißt über dieser Vorstellung den einheimischen Feind, den er vor sich und den principiellen Freund, den er in der Fremde hat.

14. Der Patriotismus und die Parthei

Der Patriotismus gewinnt nur dann einen vernünftigen Sinn, wenn die *Parthei,* welcher die Nation folgt, ihren Feind Aug' in Auge sich gegenüber hat, und in ihm den Gegner der »guten Sache«, gleichviel ob fremd oder bekannt, angreift d. h. wenn er aufhört national zu sein und principiell oder human wird. Die Differenz der Kämpfenden ist alsdann eine menschliche, die Partheiung. Die *Partheiung* ist die menschliche Differenz, weil sie *die Differenz der Ansichten und Gedanken ist;* die Individualisirung und Nationalisirung der Menschen ist die rohe Differenz, *die Differenz der Existenz.*

Der Patriotismus nimmt die *Völker* als Partheien und abstrahirt von den Partheien in den Völkern; der Humanismus setzt die *Partheien* über die Völker, aber er abstrahirt darum nicht von der Individualität der Völker, er erkennt sie vielmehr an als Genossen in der gemeinsamen Arbeit der Befreiung des Menschen von der verschiedenen volksthümlichen Verwahrlosung, in der er lebt.

Der Patriotismus setzt die Völker auf den Kriegsfuß, der Humanismus will auf dem Friedensfuß die menschliche Entwickelung, die Bildung der besten Gesellschaft aus der allgemeinen Vereinigung bewirken; aber der Humanismus wird seinem Willen zuwider grade durch die Verwirklichung des Menschen den Krieg entzünden. Der humanisirte Mensch wird sich mit dem brutalen, die Parthei des menschgewordenen Volks mit den Barbaren um den Besitz der Welt streiten. Dieser Streit wäre für die Humanität und in ihrem Sinne nur die Darlegung ihrer selbst, nichts als der Beweis so zu sagen der Identität ihrer Person. Sie würde aus ihrem Inhalt Tagesfragen machen und in der Discussion die Köpfe der Menschen nicht herunterschlagen, sondern zurechtrücken. Diese Form des Kampfes, der geregelte Partheikampf, wäre eine Aufhebung der Barbarei. Die Barbaren geben sie nicht zu. Und sie haben nun ihrerseits ebenfalls nichts weiter zu thun, als *ihre Existenz zu behaupten,* um die Waffe der Vernunft in die der Brutalität, die Schärfe des Gedankens in die Schärfe des Schwertes und den Kopf des Menschen in den Knopf ihrer Zielscheibe zu verwandeln. Die Existenz des Menschen zwingt den Barbaren nicht zu ihrer Anerkennung, – der Boden der Vernunft ist über ihm, man müßte ihm seine Barbarei nehmen, um ihn hinaufzuschaffen; – aber der Barbar braucht den Menschen nur an seiner Existenz zu ergreifen, um ihn zum barbarischen Kampfe zu zwingen, – die *Existenz* ist der gemeinsame Boden des Vernünftigen und des Unvernünftigen.

Die Barbarei behauptet ihre Existenz als Princip; sie kennt kein anderes Princip, als ihre Existenz. Aber es zeigte sich erst in unserer Zeit und durch das Hervorziehen des Menschen hinter allen Existenzen der Religion, der Philosophie und der politischen Welt, daß die barbarische Existenz das Princip der bisherigen Welt, der verflossenen Geschichte und ihres officiellen Bestandes ist. Die *Humanität* selbst war es, welche durch ihren Gegensatz die *Barbarei* nöthigte, sich zum Princip zu machen. Erst durch die humanistische Kritik wurde sie zum Kampf für *»alles Bestehende«* aufgestachelt. »Alles Bestehende« unbesehens, so drückt sie ihr wesentliches Interesse aus, das ist ihr Schlachtgeschrei. Ganz natürlich. Denn seitdem ihr bewiesen wurde, ihr höchstes Wesen sei das Unwesen, der karikirte Mensch und ihre freiheitswidrigen Institutionen nur die Ausführung dieser Karikatur in der Welt, die Sklaverei und Verwahrlosung vieler Millionen eine unerträgliche Schmach für unser Jahrhundert; seitdem ist sie diesem Beweise zwar nicht gefolgt, aber doch an der Wahrheit ihrer Sache zweifelhaft geworden, sie glaubt nur noch an die *Wirklichkeit* ihrer Existenz, d. h. *»alles Bestehenden«*. Erst in der Brutalität des Factums erkennt die Reaction sich wieder, und nur dies, nur die *rohe Existenz* hat sie der Revolutionirung der geistigen Welt und, sofern sie Theil daran hat, ihres eignen Innern entgegenzusetzen. Nicht aller Bestand, sondern der Bestand der Wahrheit und Freiheit ist zu conserviren. Die conservative Barbarei will *»alles Bestehende, weil es besteht«*, aber sie gesteht der bildenden und befreienden Vernunft keinen Bestand zu, sie macht im Gegensatz zu ihr aus der Existenz ein Princip. Die große Masse der Menschen, die nur leben will, um zu leben, *macht die Existenz zum Zweck;* und die jetzige bürgerliche Gesellschaft, welche durch diese blinde Masse gebildet wird, *kennt nur den Kampf um die Existenz.* Dasselbe *Princip,* denselben Zweck und denselben *Kampf* proclamirt der Patriot. Mit dem Bestand der Landesgrenzen vertheidigt er *jeden* Bestand, den sie einschließen, und mit der Ausschließung des humanistischen Volks schließt er auch den Humanismus aus. Ginge der Patriot, z. B. der deutsche, auf den Grund der nationalen *Existenz* zurück, so würde er finden, daß erst die Auflösung der vorhandenen Wirklichkeit *die Begründung der wahren Existenz* wäre, er würde z. E. begreifen, daß der Deutsche, wie er ist, noch kein freier Mensch ist, würde also den Humanismus nicht bekämpfen, sondern ihn aus seiner eignen Nationalität *erzeugen,* indem er die *Parthei* des freien Menschen ergriffe und in seinem Volk ausbreitete.

Und in der That, der *Partheigeist* führt uns über die Völker hinaus. Er ist der Associationstrieb zur Arbeit für die Probleme der Freiheit, der Eifer der geselligen Arbeit, die belebte, die begeistete, die animirt in sich arbeitende Menschheit selbst. Er führt den Menschen zum Menschen durch die Verhandlung streitiger Ansichten und Absichten. Der *Patriotismus* hingegen ist der Geist der Absonderung, der Trennung des Menschen vom Menschen durch den blauen Dunst des allervorzüglichsten und höchsten Volkswesens, dessen wahre Existenz die allertraurigste von der Welt sein kann. So ist das deutsche Volk in der Wirklichkeit mit den Fesseln eines politischen und bürgerlichen Helotismus, in der Vorstellung des Patrioten dagegen mit allem Hohen und Herrlichen geschmückt. Der Cultus dieses transcendenten Phantasiewesens und die blinde Feindschaft gegen die Verehrer eines *fremden* Volksgottes, diese Trennung des Menschen vom Menschen ist religiös. Ist die Partheiung eine *menschliche* Differenz, so ist *die patriotische Differenz eine religiöse.* Der Patriot kämpft für eine »heilige Existenz«, der Partheimann für ein politisches Problem. Der Patriot verfolgt in dem Fremden einen Unmenschen, der Partheimann wendet sich in seinem Gegner an den Menschen. Der Partheimann streitet für einen bestimmten Inhalt, der Patriot, der nicht in den Partheimann übergegangen ist, für sein Volk unbesehens mit jedem Inhalt, mit Einem Wort für »Alles Bestehende« in seinem Lande. Der Patriot kann aber nicht Parthei ergreifen, ohne von der Religion für seinen Volksgötzen abzufallen; denn die Parthei hat ihre nächsten Feinde im eignen Volke. Aus seinem blinden Nationalismus den bewußten Humanismus der Parthei zu erzeugen muß er sich versagen. Wenn ein Franzose die Meinung des deutschen Patrioten ausspricht, so stimmt dieser ihr darum nicht bei, weil es ein Franzose gesagt. Wir werden weiter unten ein Beispiel anführen.

15. Der Patriotismus ist eine Form der Religion

Der Patriot bringt die Zeugungskraft, womit er den Menschen und die allgemein menschlichen Probleme seiner Zeit und ihre Lösungen durch den Partheikampf hervorbringen könnte, dem *Götzen* einer phantastischen Volksexistenz zum *Opfer.* Der Patriotismus ist die *irdische Religion* der isolirten Volksungethüme, er ist der Geist der in sich verschlossenen conservativen Barbarei, der Enthusiasmus der Reaction, der die Existenz des Menschen daran setzt, um die Existenz vielleicht eines Unwesens, dessen Herrlichkeit er sich aber vorspiegelt und anbetet, zu retten.

16. Menschenopfer und Arbeit. Cultus und Cultur

Dieser *irdischen Religion* des unpartheiischen Patrioten ist eben so wie der *himmlischen* des unpolitischen Privatmenschen die Existenz eines ganz allgemeinen, unbestimmten und phantastischen Unwesens Gegenstand des Cultus und des Menschenopfers. Selbst in der humansten *Religion* opfert der Mensch sich dem Götzen, den er aus seinem Wesen sich gemacht, er opfert seinen graden Verstand der Verkehrtheit einer Phantasie, die Vernunft der Verrücktheit, und die Verrücktheit ist die totalste Selbstaufopferung, die es giebt. Im *Patriotismus,* der in seinem Volk keine freiconstituirte Parthei hat, vertheidigt der Mensch eine verwahrloste Wirklichkeit, indem er sich einer eingebildeten Vortrefflichkeit zum *Opfer* bringt. Der Mensch würde *nicht geopfert,* wenn er mit Bewußtsein Parthei ergriffe, wenn er seinen eignen Zweck auf seine eigne Gefahr durchzusetzen suchte; aber er ist von vornherein geopfert, wo er nur zum Mittel dient, die Gefahr vor einem Götzen, dessen Sturz seine eigne Rettung wäre, abzuwenden. Der Patriotismus ist nothwendiger Weise die Abwendung von den Principien, der Humanismus die Anwendung derselben. Die Abwendung der Principienkämpfe und ihrer Partheiung ist *Aufopferung* des höchsten

Gutes, der vernünftigen Entwicklung des Menschengeschlechts; die Anwendung der Principien dagegen ist – *die Arbeit.*

Dies ist der Unterschied. An die Stelle des *Opfers* der religiösen Welt – und die ganze bisherige Welt ist religiös – tritt die *Arbeit* der humanen Welt, der Cultus verwandelt sich in Cultur. *Der Mensch, indem er die neue wahre Welt erschafft, arbeitet überall an der Erreichung seines Wesens,* nie an der Wegwerfung seiner selbst, er arbeitet an sich selbst. In dieser Arbeit verzehrt sich allerdings seine Existenz, er wagt sich immer an sich selbst, er setzt sich selbst aufs Spiel, wenn die Ereignisse dies Spiel herbeiführen. Aber er kämpft nie, wie der Patriot, für einen fremden Zweck gegen einen fremden Feind. Der Zweck ist immer er selbst, der Feind immer sein eigner, der seiner Arbeit als ein Gegenstand der Überwältigung entgegentritt. Das *Opfer* für den fremden Götzen wird zur *Arbeit* für den Menschen selbst, das *Schlachtfeld* zum *Kampfplatz,* der *Rausch des Fanatismus* zum *Feuer der Action.* Nur im Namen des Götzen kann die Aufopferung des Menschen verlangt werden. Nur seinen Schweiß, nicht sein Blut hat der Mensch in menschlichen Verhältnissen für seine höchsten Zwecke zu vergießen. Im Schweiß der Arbeit löst die kalte Existenz des Menschen sich zum warmen Leben auf. Das *Blut des Opfers* löst die Existenz in den Tod, der *Schweiß der Arbeit* löst sie ins Leben auf. Schweiß vergießen ist demokratisch, Blut vergießen aristokratisch. Das kalte Blut der Aristokratie darf wohl verspritzt werden, aber es zu verschwitzen ist unanständig. Das Wort »Schweiß« gilt für plebejisch. Aber die Menschenverachtung, die in dem Schimpfnamen »Pöbel« und »plebejischer Schweiß« liegt, setzt die *Aufopferung* des Menschen voraus, sie ist religiös. Die Religion hat den Schweiß für die Wirkung ihres Fluches erklärt. Sie ahndete ihren Feind. Der Schweiß des Angesichts zerstört die Glorie der Religion, er bricht aus, wo das äußere Glorienfeuer ins Innere zurückgenommen und durch die Arbeit lebendig geworden ist. Der Schweiß des Menschen, in seiner eignen Arbeit vergossen, tritt an die Stelle des Blutes, welches für andere vergossen ward; und auch das Blut, welches in Zukunft vergossen wird, fließt nur als Schweiß in der allgemeinen Arbeit für die Verwirklichung des Menschen. Der Zufall, der die Adern statt der Poren öffnet, gehört mit in die allgemeine Rechnung. Auch wenn er nicht mehr Princip der Gesellschaft ist, bleibt ihm der Einzelne in dem blinden Zusammenstoß der Dinge erreichbar. Den Zufall als Zufall nehmen, das eben heißt *den Begriff des Opfers* gänzlich beseitigen. Wie bei dem Ausdruck Opfer und Arbeit, so wird man die altpatriotische Sprache überall auf ihren wahren Sinn zurückführen, wenn man der religiösen That die einfach menschliche, der verschrobenen Forderung die wahre, ins Geleis der Vernunft zurückgerückte, entgegensetzt.

17. Das Militär als Priester und Opfer

Wir haben den Patriotismus und seinen Opferdienst Religion genannt. Das *Militär* ist der Priesterstand dieser Religion und zugleich das *Opfer.* Die Priester in jeder

Religion haben das Menschenopfer nicht nur an denen, die sie zum Altar führen, sondern auch an sich selbst zu vollziehn. Als Priester vollzieht der Soldat die Liebe und den Haß des Patrioten und er thut dies, indem er sich für den Patriotismus hinter seinem Rücken zum Opfer bringt. Aber auch ohne die Grenzhekatomben der Völkerschlachten, auch ohne den Tod in der Schlacht opfert der Soldat alle seine Verhältnisse, abstrahirt er von seinen wesentlichen Zwecken, ergreift er den Müßiggang statt der Arbeit, lebt er ein Mönchsleben der Entbehrung und des Cölibats. Ebenso der christliche Priester, auch der heutige, der sich nicht mehr geißelt und verstümmelt, ist zugleich Opfer. Cölibat und Mönchsthum erklärt nur die Ertödtung des Fleisches permanent, welche der Priester der Cybele ein für alle Mal vollzog. Aber die Aufopferung der Geschlechtstheile, welche die heidnischen und katholischen Priester verrichten, ist nur scheinbar das ärgste; sie bleibt immer nur ein partielles Opfer gegen die Aufopferung der Vernunft, worin der gebildete Priester seinen ganzen Menschen hingiebt. Und wenn dieser die Vernunft gebraucht, um die Vernunft zu verdammen, so vollzieht er das Opfer noch heute vor dem staunenden Volke, wie einst im Dienste der großen Mutter seine Vorfahren. Die Jahrtausende haben es nicht dahin gebracht, die Menschenopfer aufzuheben und sollten zuletzt die Priester auch nur sich selbst zum Opfer bringen, ohne das Volk mit sich fortzureißen und ohne selbst noch Religion zu haben. Doch verlieren wir unsern Gegenstand nicht. Das Militär, welches von der Gesellschaft abgesondert ist, der Militär*stand*, steht im *Dienste* eines fremden Wesens. Sein Dienst ist nicht ein Theil seiner allgemeinen geselligen *Arbeit*, sondern ein *Opfer* für ein Gemeinwesen, aus dem er ausgesondert ist. Das Gemeinwesen, welches nicht wirklich das allgemeine Wesen aller Arbeit ist, trägt davon die Schuld, und weil alle Klassen der gegenwärtigen Welt in dem Zwiespalt zwischen der eignen Arbeit und der Arbeit im Dienste eines fremden Wesens stehn, so werden genau genommen alle fortdauernd geopfert. Beim Militär, dem Stande des Patriotismus, wie bei der Priesterschaft, dem Stande der Religion, ist dies Verhältniß nur schroffer gezeichnet. Hier ist das Opfer die einzige Arbeit. Dennoch ist die Arbeit der *bürgerlichen* Gesellschaft keine freie, nur in der Arbeit, worin man von ihr abstrahiren kann, mit der man nichts gewinnen, nur einen rein menschlichen Zweck der Vernunft, der Freiheit erreichen will, verhält man sich frei. Die *bürgerliche* Gesellschaft opfert überall den Menschen seinem Bedürfniß, die wesentlichen Zwecke dem Zweck der Existenz, die reelle, menschliche Existenz der kahlen, todten äußerlichen. Diese Arbeit der *bürgerlichen* Gesellschaft nur für den Erwerb ist Sklavenarbeit und Sklavenarbeit ist Menschenopfer.

18. Bürgermilitär und zur Landwehr constituirter Patriotismus

Die wahre Auflösung des Militärs wäre die in die Arbeit der *menschlichen* Gesellschaft, die jetzt nur noch als Ausnahme geübt wird. Es wäre die Aufnahme des militärischen Müßiggangs oder der Friedensübungen in die

Spielzeit des Menschenalters und der militärischen Anstrengung, sofern die existirende Barbarei den Krieg noch nöthig macht, in die allgemeine Arbeit der Staats-Gesellschaft. Dies wäre denn wieder die Belebung einer todten Existenz durch das Fluidum ihres wahren Wesens. Die Aufhebung des Militärs in die *bürgerliche* Gesellschaft, wie sie zum Beispiel Nordamerika erreicht hat, beweist dagegen nur, daß damit kein Princip aufgehoben ist. Die Demokratie realisirt im Gegentheil den Patriotismus und nimmt ihm alle Illusion bis auf die Vertheidigung der bürgerlichen Gesellschaft selbst. Den Krieg aller Sonderinteressen, als Geld gegen Geld, gegeneinander, das Princip des bezahlten und verkauften Menschen, ja, ganz consequent die wirkliche Sklaverei – diese ganze prosaische Abstraction von dem Wesen des Menschen vertheidigt der Amerikaner als bürgerlicher Soldat, und diesen Inhalt, der seinem Humanismus ins Gesicht schlägt, muß er mit Patriotismus gegen die Fremden aufrecht erhalten. Die Aufhebung des Militärs in die *bürgerliche* Gesellschaft kann die Fehler der bürgerlichen Gesellschaft nicht verbessern. So ist ebenfalls in Preußen der Patriotismus als *Landwehr* constiuirt. Diese Landwehr hat gar keinen Werth für die Freiheit und gar keinen andern Inhalt, als den Patriotismus der Unabhängigkeit, d. h. sie hat nichts zu *denken* und noch viel weniger etwas anders zu *thun*, als im vorkommenden Fall das Land des Landesherrn, d. h. das Privateigenthum des Königs und seiner Mitbesitzer zu vertheidigen. Wo übrigens die Officiere noch einen eignen Stand und den stehenden Stock der Armee bilden, wo eine Armee fortdauernd unter Waffen steht, da ist das Militär noch nicht civilisirt. Die Civilisirung des Militärs oder die Aufhebung des Militärs in die *bürgerliche* Gesellschaft ist daher immer schon ein großer Schritt, er ist das Äußerste, was auf der Basis der alten Welt erreicht werden kann. Denn das Militär ist ein Institut, welches die Trennung des Menschen vom Menschen, die Feindschaft der Völker gegen die Völker, des politischen oder regierenden Menschen gegen den regierten, die Gewalt statt der Vernunft zur Voraussetzung hat. Legt man nun die politische Gewalt ins Volk, so hebt man die Voraussetzungen des *abgesonderten* Militärstandes bis auf den technischen Stock des Instituts auf; aber die Miliz, die nun entsteht, wird erst recht alle Bornirtheit des Patriotismus zur Blüthe bringen. Der Geist jedes Militärs ist der Patriotismus, der die Feindschaft der Völker proclamirt, er ist aber auch die conservative Barbarei, die den Cultus des unvernünftigen Bestandes der *Dinge* gegen die Forderung der *Menschheit*, die von ihm erdrückt wird, mit Gewalt aufrecht erhält und es ist nun zuletzt einerlei, ob die bürgerliche Gesellschaft diese Gewalt in eigner Person oder durch einen permanenten Ausschuß ausübt. Der höchste Gipfel, den dies Princip erklimmen kann, ist der Militärstaat, der das Militär selbst und durch das Militär die ganze übrige Gesellschaft seinem Götzen, dem Militärchef zum Opfer bringt, wie in Preußen und Rußland. Wir haben schon gesagt, daß die preußische Landwehr nur der constituirte Patriotismus ist; man könnte die ganze preußische Verfassung aus diesem Gesichtspunkt auffassen und sie erklärt sich mit ihrer Beamten-Ascese und Landjunkerbasis nur aus ihm. Sie galt auch darum, so lange man noch den Patriotismus als Freiheit empfand, für eine freisinnige, und ihre Volksbewaffnung hat sogar den Engländern und Franzosen imponirt. So meinte die Times, in einem Lande, wo jedermann Soldat ist, sei es gewagt, die Organe der öffentlichen Meinung zu unterdrücken. Es wäre gewagt, wenn jedermann *dächte*, es ist nichts dabei gewagt, wenn nur jedermann *Soldat* ist.

19. Preußischer und deutscher Patriotismus

Ist in Preußen durch den Patriotismus nur die Constitution der conservativen Barbarei erreicht worden, so hat es Rußland noch nicht einmal bis zum Patriotismus gebracht. Der Patriotismus ist der Volksgeist in seinem Selbstgefühl, wie es nun auch sei. Rußland hat gar keinen Geist, auch nicht die Begeisterung für die Landesgrenzen und den Landesherrn. Der Russe hat einen unmittelbaren Herrn und höchstens Religion. Der Krieg Rußlands gegen Napoleon war Religionskrieg. Allerdings hörte er nicht auf, es zu sein, als er sich nach Deutschland zog, aber die Religion nahm hier nun die Form des Patriotismus an. »Mit Gott für König und Vaterland!« ist die Devise des deutschen Patriotismus von 1813, dafür begeisterte man sich, und selbst die Freiheit, die man damals im Munde führte, obgleich sie nur apokryphisch vorhanden und von dem König von Preußen eigenhändig aus der Devise gestrichen war, bedeutete nichts weiter, als was jene königliche Verbesserung, nur deutlicher, auch sagt, *die Befreiung des Königs und seines Landes von den Franzosen*. Der Russe, der nach Deutschland kam, war nicht patriotisch erregt, er brachte keinen Enthusiasmus, sondern nur seine Rohheit und seine andächtige Unterwüfigkeit mit. Der Deutsche dagegen enthusiasmirte sich für Volk und Vaterland und dachte sich beides als den Inbegriff alles Schönen und Großen. Nun ist es zwar richtig, dies Volk und dieses Vaterland war nur eine Verheißung der Dichter, eine zukünftige Welt, eine reine Phantasie, nicht besser also als der Himmel der Religion: es giebt kein deutsches Volk, nur eine Revolution könnt' es schaffen; – aber der Enthusiasmus, der seinen Gegenstand nicht gefunden hat, suchte ihn doch auf dieser Welt, es war seine eigne Welt, das deutsche Volk. Es gab eine deutsche Literatur, warum sollte es nicht auch ein deutsches Volk geben können? Arndt rief aus:

So weit die deutsche Zunge klingt
Und Gott im Himmel Lieder singt,

soll Deutschland sein. Diese Realität hielt nicht Stich, das existirende, sprechende, singende Volk wurde kein politisches, freies, wirkliches Volk, und als es sich zeigte, daß in der Gegenwart der Patriotismus seinen Gegenstand vergeblich suchte, wandte man sich zur Vergangenheit, zur Herrlichkeit und Größe der deutschen Geschichte. Auch hier betrogen, denn die deutsche Geschichte ist gewiß keine menschliche Freiheit, ist der deutsche Patriot inne geworden, daß die kahle, prosaische Existenz unvernünftiger Zustände der Inhalt jener Grenzen ist, die er mit seinem Blut erkaufte. Wir haben gesehn, was die Folge davon war. Man erhob die Existenz zum Princip und die Heiligkeit alles Bestehenden zur Parole. Der deutsche

Patriot hat sich auch diesen Inhalt und diese Devise gefallen lassen. Dahin ist es mit dem deutschen Patriotismus gekommen und dahin mußte es kommen. Der deutsche Patriotismus war von Anfang an gegen die Zukunft, gegen die Revolution und gegen Frankreich, das Land der Revolution, gerichtet. Er kommt aus Rußland. Sein Geburtshelfer ist die russische *Nationalreligiosität,* die Andacht der Unterwürfigkeit und er selbst ist nichts anders als der religiöse Enthusiasmus für die Nationalität und darum die Unterwerfung unter das Deutschthum. Der Patriot unterwirft sich von vornherein, wie er sich von vornherein opfert, indem er ausruft: nicht mit freiem Bewußtsein für mich und meine menschliche Bestimmung, sondern »mit Gott für König und Vaterland!« d. h. wir wollen die Franzosen vertreiben, dann sind wir frei, dann haben wir unser Vaterland wieder. »Der deutsche Michel, der sein Vaterland sucht« und es für den König findet. Die Russen haben kein Vaterland und suchen auch keins, sie haßten darum auch die Franzosen nicht, ihr Gott und ihr Winter haben den Feind vernichtet. Die Deutschen von 1813 haßten die Franzosen und suchten durch ihre Vertreibung ein Vaterland zu gewinnen. Das Vaterland war das Land ihrer Landesväter, die »Freiheit Deutschlands« nichts als eine Phantasie Deutschlands. Der Haß der Franzosen im Interesse ihrer Landesväter und im Bündniß mit Rußland und Östreich ist das »Volksgefühl« der Deutschen, der bekannte Ausdruck: »wir lassen uns kein Dorf nehmen!« und »sie sollen ihn nicht haben!« ihr »Vaterlandsgefühl«. Sie reden und fühlen, sie dichten und denken im Namen ihrer Herren und Gebieter, die die Dörfer und Flüsse *haben.*

Das Elsaß der Franzosen ärgert sie, die deutschen Ostseeprovinzen der Russen, die Besitzungen der Dänen und der Holländer in Deutschland oder Helgoland unter England genirt sie nicht. Sie hassen nur die Franzosen und wenn sie die Russen nicht lieben, so ist doch der gemeinsame Despotismus ein enges Band mit ihnen, und der Gehorsam ihrer Regierungen gegen den Zaren eine Thatsache, die sie täglich empfinden. Die Unterdrückung der Presse auf Rußlands Vorstellungen, die Preußen, die ungestraft nach Sibirien geschickt wurden, die Erneuerung des Cartelvertrags – und dies erniedrigende Verhältniß empört niemand, im Gegentheil, die Allianz der barbarischen Völker und die materielle Wucht derselben ist das Einzige, womit die leere und phantastische deutsche Nationalität ihr Selbstgefühl gegen Frankreich aufrecht erhalten kann. Da das deutsche Volk nicht existirt und die existirenden deutschen Völker ohne Freiheit und politisches Bewußtsein existiren, so kann der Deutsche sich das Gefühl seiner Existenz nur von Außen holen. Allerdings ist die Illusion des Deutschthums und das Spiel, welches die einzigen politischen Realitäten in Deutschland, die größten Gutsherren, sich mit ihm erlaubt, längst aufgedeckt, und eine Wiederholung des alten Patriotismus in der Nation nicht denkbar; den nächsten Krieg müssen sie ohne Patriotismus führen. Die Illusion aber, als wäre das Verhältniß noch immer das alte, wird von den *Epigonen der Freiheitskriege*, einer ziemlich ausgebreiteten und sehr brutalen Parthei, die jetzt das Heft in Händen hat, unterhalten, indem sie die Literatur und Journalistik, die sie gänzlich monopolisirt hat, als die Öffentlichkeit des deutschen Volks proclamiren läßt.

20. Die patriotischen Epigonen und ihre Doctrin

Ihre Doctrin ist alt, ja sie ist veraltet, wir müssen sie hier aber unsers Themas wegen wiederholen. Sie sagen: »wir *fürchten* Frankreich, den Reichsfeind an der Grenze, der unsre Provinzen haben will; wir *hassen* Frankreich, den Repräsentanten der Revolution, der uns wider unsern Willen befreien will; und wir wollen in allen Dingen *anders sein*, als die Franzosen, denn wir sind eine andere Raçe, wir sind Germanen und jene sind Romanen.« Einer der Verrücktesten in der Parthei erklärt die Franzosen gradezu für Affen.

Der Patriotismus der Epigonen, – die Studenten traten zuerst als der Nachwuchs der Freiheitskriege auf – erweckte im Anfang einige Sympathie im Volke. Er war damals in der Opposition, als der Sohn vom Hause, den man vor die Thür gesetzt, und er ging in seinem Zorn bis zur Conspiration und Revolte fort, er zog den Degen gegen die kahle Realität des Despotismus, um die Illusion der Nationaleinheit durch eine Revolution zur Wahrheit zu machen und eine eben so illusorische, nämlich eine specifisch *germanische* Freiheit zu erzeugen. Selbst die Revolutionärs unter den Patrioten wollen und kennen die Freiheit nicht, sie sind deutsch und knechtisch gesinnt, Feinde der deutschen Philosophie aus Ignoranz und der französischen Revolution aus deutscher Biederkeit. Dazu sind sie nun plötzlich mit all ihren Theorieen legitim geworden und nur noch de facto Revolutionärs. Der deutsche Patriotismus ist endlich mit all seinen Illusionen und hohlen Redensarten sogar auf den Thron gekommen und, so weit es einem solchen Gespenst möglich ist, zur Regierung gelangt.

Er proclamirt nun die Einheit Deutschlands als eine realisirte und die gegenwärtige Verfassung Deutschlands als die germanische Freiheit. Alle seine Jugendträume sind dem Patrioten in Erfüllung gegangen, nur eins möchte er noch erreichen. Um auch die Erinnerung an seine revolutionären Ausschweifungen los zu werden, löste er jetzt seinen deutschen Patriotismus gern in christliche Religion auf. Erst in der Andacht der totalen Unterwerfung lassen den Deutschen seine Träume von menschlicher Freiheit das Glück genießen, daß die Wirklichkeit schön ist, weil sie deutsch ist. Indessen, mit diesen Träumen verliert der Mensch immer seine Kraft, sie waren die Locke Simsons, mit der er den Philister überwindet. Dies ist auch das Schicksal der deutschen Patriotenparthei. Seitdem sie ganz mit der Reaction und dem despotischen Regiment zusammenfällt, ist ihre Kraft dahin. Man hat ihre Illusionen für Betrug, die deutsche Einheit für Zerfall, die Freiheit für Unterdrückung erkannt; und der Patriotismus der Epigonen ist nur noch eine ohnmächtige Erinnerung.

Die Parthei fühlt dies selbst. Sie legt daher viel mehr Gewicht auf Religion, Polizei und Conspiration, als auf *nationale Aufregung*. Die Verschwörungen haben nicht aufgehört, aber sie haben aufgehört hochverrätherisch zu sein, sie sind officiell geworden; und nie ist eine jesuitisch-abgefeimte Leitung mit einer stupid fanatischen Abstufung durch fast alle Regierungen und Regierungsmittel hindurch enger verschworen gewesen, als jetzt; nie sind die edelsten und letzten Formen der Freiheit schamloser zerstört worden, als in diesem Augenblick. Ja, der Despotismus und die Reaction hat sogar Verräther im Lager der Philosophie selbst gefunden und sie zur Mystificirung der Welt, zum Meuchelmorde des Geistes selbst gedungen. Und so frech sind sie geworden, daß sie dort, wo sie nicht unmittelbar regierten, sogar kleine Revolutionen und Emeuten gewagt und durchgeführt haben – große Momente, wo die Conspiration die Möglichkeit erprobt, daß sie im äußersten Falle denn doch noch durch *national-religiöse Aufregung* zu wirken vermögen.

22. *Die Confusion des Schweizer Nationalismus*

Die Züricher Septemberrevolution von 1839 macht eine solche Probe, während für gewöhnliche Zeiten und namentlich für die gedeihliche Constitution Deutschlands statt des Patriotismus und *der nationalen Aufregung* schon der *nationale Chrakter* ausreicht. Dieser scheint der reactionären Doctrin aber auch so unumgänglich nöthig, daß ihn sogar die Schweizer angenommen haben, die Schweizer, die alles andere eher haben könnten, als das mystische Gut des Volksthums. Ein Schweizer, Namens *Bluntschli*, in Zürich zugleich als Professor des historischen Rechts und als Politiker des Septemberrechts von 1839 bekannt, hat als angehender Rector der Universität eine Rede gehalten, aus der uns die Augsburger Allgemeine Zeitung vom 22. Februar 1844 unter andern folgende merkwürdigen Worte mittheilt: »Die Universität Zürich muß immer mehr ein *nationales* Institut werden. Nur ein *vor-*

zugsweise nationales Institut kann unter einem Volke, das, wie die Schweizer, einen entschieden *nationalen* Charakter hat, für die Dauer Festigkeit erlangen.« Noch nationaler als national und ein *Volk*, das einen *nationalen* Charakter hat! So lesen wir, dürfen wir unsern Augen trauen? Man muß die Schweizer Conservateurs kennen, um es für möglich zu halten, daß eine solche Sprache noch einen Sinn haben könne. Er ist der absurde Inhalt des Patriotismus, die mystische Eigenthümlichkeit auf eine absurde Formel gebracht. Er will sagen, die Zopf-Schweizer können die Fremden nicht leiden und setzen allem Fremden, selbst der Gelehrsamkeit eines auswärtigen Professors den Haß ihres Schweizerthums entgegen. Worin besteht nun die Nationalität dieses »vorzugsweise nationalen Volks?« Die Deutschen reden doch ihre eigne Sprache; die Schweizer reden alle möglichen fremden und reden sie schlecht. Die Deutschen haben doch alle Eine Verfassung, den Despotismus; die Schweizer haben in jedem Canton eine andere, sogar an einem Könige fehlt es ihnen nicht, und in Luzern regieren die Jesuiten das schweizerische Paraguai. Was ist also die Nationalität der Schweizer? Ihre Nationalität ist die, keine zu haben, und ihre Eigenthümlichkeit grade die Mannigfaltigkeit von tausend und abertausend Localcapricen. Diese vollkommenste Auflösung der physischen und politischen Nation, diesen Mangel aller Einheit der Form (man müßte denn die Tagsatzung eine Einheit nennen), wie aller Einheit des Princips, ja, diesen Krieg aller Formen und aller Principien gegen einander, – das nennen sie Schweizerthum, das ist das *Nationale;* und wenn die Nationalität in diesem

Mangel aller Nationalität besteht, in dieser naturwüchsigen Confusion, in dieser absoluten Ohnmacht, zu einem gemeinsamen Geiste, zu einer auch nur leidlich gleichmäßigen Bildung zu gelangen und dadurch unter andern Völkern als eine eigenthümliche Masse etwas zu bedeuten – dann allerdings ist es wahr, »die jetzige Schweiz hat einen vorzugsweise nationalen Charakter«. Herr Bluntschli, so beschränkt er ist, kennt diesen Vorzug, einen Zustand, den jeder Freund der Schweiz hinwünschen sollte, wo der Pfeffer wächst. Die Reaction in der Schweiz, welcher Bluntschli eifrig dient, finden wir eng verbunden mit Deutschland, sie ist wesentlich deutsch, seitdem das Deutschthum sich förmlich zur Reaction constituirt hat. Der Schweizer Nationalismus ist der Sohn des deutschen, aber der in Confusion ausgeartete. Die Nationalitätsmystik, die sich in Deutschland erzeugen mußte, weil das Volk nicht zu erreichen war und man es doch nicht aufgeben wollte, mußte in der Schweiz noch unendlich mystischer und mysteriöser werden, da ihren drei Völkern sogar die *Möglichkeit* des Einen Volksthums abgeht, während es Deutschland nur an der politischen Einheit fehlt. Der Deutsche findet in den vielen Staaten die deutsche Einheit und in dem Einen Despotismus die deutsche Freiheit – eine etwas starke Phantasie allerdings, aber die des Schweizers ist doch noch stärker: er findet in den drei Nationen die Eine Nationalität und in der unendlichen Getheiltheit der Verfassungen das Individuum der Schweiz und seine Eigenthümlichkeit. In jedem Canton, in jeder Stadt, in jedem Dorf und auf jeder Alp' vor allen Dingen ein eigenthümliches Leben, Natur, Natur! Die Eigenthümlichkeit des Naturwuchses ist die fixe Idee dieser Zustände und ihrer Träger, und da Freiheit des Menschen und natürlicher Zerfall der Natursöhne sich streiten, so soll die Eigenthümlichkeit jedes widerspenstigen Atoms seine Widerspenstigkeit rechtfertigen. Wir haben im Großen von dieser Ansicht gesprochen. Hier wird nicht blos die Existenz, hier wird die Caprice derselben zum Princip gemacht. Dieser eigenthümliche Nationalitätsbegriff ist im Stande, die Heugabeln der Bauern gegen den Fremden, der mit neuen ketzerischen Principien heranrückt, in Bewegung zu setzen, aber nicht mächtig genug, um aus disparaten und naturwüchsig verunstalteten Elementen eine Nation zu machen.

23. Die Einfalt des deutschen Patriotismus

Der deutsche Patriotismus, eben so unfähig, eine Nation zu Wege zu bringen, als der schweizerische Nationalismus, sagten wir sei klarer; seine theoretische Aufgabe erschöpft sich in der einfachen Forderung, nicht Franzose zu sein, seine praktische, die er seit vielen Jahren hinter sich hat, in Franzosenfresserei. Die Augsburger Allg. Zeitung verdient auch hier benutzt zu werden, ihre Belege haben den Vorzug neu zu sein, wenigstens zu beweisen, daß sich eine veraltete Sache bis in die neuste Gegenwart herauf zu halten vermocht. Am 24. Februar 1844 verbreitete sich die Redaction selbst über Louis Blancs Aufsatz: »die intellectuelle Allianz Deutschlands und Frankreichs«. Zuerst ist Louis Blanc in jenem Aufsatz religiös und findet, daß die jetzige deutsche Kritik der Religion nur eine Rückkehr zum 18. Jahrhundert der französischen Literatur sei. Dieser Irrthum, der in Frankreich allgemein ist, rührt davon her, daß die heutigen Franzosen ihr 18. Jahrhundert vergessen und unsre neuste Philosophie noch nicht haben kennen gelernt. Es sind viel Ideen untergegangen, es sind andere, die eben so viel werth sind, in den Köpfen unserer Alliirten noch nicht aufgegangen. Sie sind daher religiös und kämpfen praktisch mit der Religion, mit den Jesuiten und den übrigen politischen Gestalten jener Welt, anstatt der Sache, die eine Theorie ist, auch theoretisch beizukommen. Dies ist nun ganz der Fall derjenigen Deutschen, die dem 19. Jahrhundert angehören, ohne die Philosophie desselben zu kennen. Die Redaction der Augsburger Allg. Zeitung ist so gut religiös, als Lamartine, Lamennais, Pierre Leroux und Louis Blanc es ist; und doch redet sie gegen diese Männer. Sie giebt ebenfalls »die Consequenzen des Hegelianismus der äußersten Linken« (von Feuerbach, der den Menschen zum Princip macht und den Hegelianismus für Theologie erklärt, hat sie noch nichts vernommen) nicht zu; Louis Blanc geht noch weiter, »er warnt sogar davor«, und dennoch rümpft die Redaction die Nase! Warum? Die religiösen Franzosen sind aus denselben Gründen nicht für Hegel, nicht für Strauß und die Linke, nicht für Feuerbach und den Humanismus, aus denen der Redacteur der Augsburger Allgemeinen Zeitung nicht dafür ist, weil sie den Verlauf und den Inhalt dieser Untersuchungen nicht kennen. Warum ist also der Redacteur gegen die, mit denen er übereinstimmt? Weil sie *Franzosen* sind.

Ferner verdenkt es die Redaction der Augsburger Allgemeinen Zeitung Louis Blanc, »daß er, ohne ein Wort deutsch zu verstehn, sich über Kant, Fichte, Hegel zu Gericht setzt«, – und die Redaction? Sie versteht deutsch, sie versteht vielleicht alle deutschen Worte, aber von der deutschen Philosophie versteht sie dennoch kein Wort; sie ist also jedenfalls noch übler daran, als Louis Blanc, wenn sie über diesen Gegenstand zu reden hat. Sie läßt sich daher auch fortdauernd einen Berliner Taschenspieler als den König der Philosophen verkaufen. Und von wem? Von irgend einem Schwaben oder von irgend einem Berliner. So namenlos diese Jünglinge sind, sie sind ihr Autorität; aber »Louis Blanc hat für sie keine Autorität«, selbst da nicht, wo er ihren Helden lobt. Warum nicht? Weil er ein *Franzose* ist.

So weit also geht der Widerwille gegen die Franzosen, daß die Redaction gegen sie stimmt, selbst wenn sie mit ihnen übereinstimmt, daß sie ihr keine Autorität sind, selbst wo sie sie für ihre Lieblingsmeinungen citiren könnte! Ja, sie geht noch weiter, sie nimmt sogar die deutschen Philosophen, die von den schlauen Franzosen gemißbraucht und ausgebeutet würden, in Schutz und »bedauert ihre Unerfahrenheit in solchen Händen«. Sind diese französischen Männer nicht *fromm*, und sind die deutschen Philosophen nicht *gottlos*, sind sie nicht *für* die Consequenzen der deutschen Philosophie, und sind die Franzosen nicht *dagegen*? Müßte die Redaction also nicht umgekehrt jene religiösen Männer gegen die deutschen Philosophen in Schutz nehmen? Warum thut sie es nicht? Weil es *Franzosen* sind.

Nur eins, so schließt die Redaction ihre Anmerkung, eine Anmerkung, die alle ihre andern Anmerkungen in sich enthält, denn sie hat, wie ein Pferd in der Mühle, nur immer dies eine zu bemerken, wo der Pfahl des Patriotismus steckt, um den sie sich dreht, – »nur eine beachtenswerthe Lehre enthält jener Artikel. Sogar bei der Alliance intellectuelle will Louis Blanc die Rheingrenze. Das mit einigen andern Kleinigkeiten von gleichem Belang wäre also der Preis jener Alliance.«

Wer hat den Preis zu zahlen? Herr Kolb? nein! Herr Altenhöfer, sein Mitredacteur? auch nicht! Aber diese Patrioten sagen und fühlen mit ihren Herren und den Herren der Rheinprovinzen: »Wir geben kein Dorf von Deutschland her!« Sie reden, als existirte das heilige römische Reich deutscher Nation noch immer und als wäre jeder von ihnen Reichskanzler. Sie sagen: »ich geb' es nicht her; ich will so schöne Provinzen nicht verlieren«. Eben so will auch Louis Blanc und der National den Rhein haben, weil sie Patrioten sind und weil ihnen der Kaiser und das Reich noch im Kopf stecken. Die Patrioten hüben und drüben klammern sich an die Vergangenheit an. Denn ihre Zeit ist um. Nicht die Völker haben Terrain zu gewinnen und zu verlieren, sondern die Principien, und diese setzen sich keine Grenzen.
Die Patrioten von 1813 und 15 wollen noch fechten; sie haben blutige Träume und rufen wie der alte Capulet: »Wo ist mein langer Degen? Frau, gieb mir meinen langen Degen her!« Die französischen Patrioten wollen die Verträge von 1815 zerreißen und die Ufer des Rheins wieder

erobern. Warum nehmen sie sie nicht? Weil sie die Ufer der Seine nicht im Besitz haben. Das jetzige Frankreich hat officiell das System der Fremde in sich aufgenommen, es erobert nicht, es ist selbst erobert. Das Frankreich, welches die Principien der universellen Befreiung aller Menschen noch einmal zu den seinigen machte und glücklicher als das erste Mal in sich realisirte, würde keine neuen Grenzen brauchen, um die Welt zu gewinnen. Nicht die Grenze, sondern der eigne Kern ist die Quelle der Macht, nicht die Schranke des Landes, sondern die Schranke des Kopfes ist zu beseitigen, nicht ein neuer Völkerkampf, sondern der Streit der Principien ist auszufechten, der Patriotismus also nicht aufzuregen, sondern in die Principienfragen aufzuheben. Trachtet am ersten nach der Freiheit, so wird euch das andere alles von selbst zufallen. Es giebt nur Ein Gebiet, das erobert werden muß, das ihrige. Das Vaterland der Freiheit ist das einzige, für das ein denkender Mensch sich erwärmen kann, und der geächteten Freiheit ein Vaterland zu erobern, das ist die einzige Eroberung, auf die er denken darf. Diese Aufgabe kann sich wiederholen; die Völker haben jetzt für einander einzustehn. Ein System, Eine Richtung der Zeit durchdringt sie alle, so weit die Civilisation reicht. Wie sie alle dem jetzt herrschenden System, – in dem die Sachen höher stehn, als die Menschen, und die Menschen wie Sachen verwaltet werden, – unterworfen sind, so ist das neue System ihre gemeinsame Aufgabe. Nichts ist schwieriger, als die *Humanisirung* der *Civilisation,* nichts ist gewisser, als daß sie vorgenommen werden muß. Die Zeit bringt Rosen.

24. Der Patriotismus der drei freisten Völker

»Mein Land ist das Land der Freiheit!« ein gerechtes Selbstgefühl! aber Freiheit ist ja nicht Eines Landes Eigenthum. Der Patriotismus der Franzosen, der Engländer, der Nordamerikaner hat daher den gemeinsamen Sinn, daß er ein Princip der Freiheit einschließt, und dies hat er vor dem der Deutschen voraus. Sind die Deutschen mit den Barbaren gegen die freien Völker im Bündniß, so sind diese Völker für ihre Principien im Gegensatz zu den Barbaren. Mit der Bildung und Befreiung der Völker kommt dieser Gegensatz nothwendig zum Vorschein. Schon Thucydides sagt: »Homer habe das Wort Barbar noch nicht gebraucht, weil sich die Hellenen noch nicht unter Einem Namen, als ihren Gegensatz ausgeschieden.« Dem Convent war die *Fremde* und die Coalition die Welt der Barbaren, welche der Freiheit selbst den Krieg machten. Die Marseillaise schildert sie wie wilde Thiere; und diese Ansicht war richtig, obgleich Goethe im Gefolge des Herzogs von Braunschweig war, und sie wird wieder richtig sein, sobald in Frankreich das Princip einer neuen Epoche bekämpft wird. Die Franzosen, Engländer und Nordamerikaner sind die freisten Völker, sie haben Ursache zum Selbstgefühl, zum Stolz auf ihre Geschichte; dennoch ist der Patriotismus dieser freisten Völker nur der Ausdruck ihrer Bornirtheit, so lange sie sich nicht gradezu mit einem Princip der Menschheit identificiren können, und zwar mit einem kämpfenden, von der Barbarei bedrohten.

25. Der Patriotismus der Engländer

Worauf sind die Engländer stolz? Auf ihre Herrschaft über wilde Völker? Wenn ein Princip darin ist, so ist es nicht ehrenvoll. Die ganze See- und Weltherrschaft beruht auf dem Handel, auf dem Eigennutz, auf der Ausbeutung der Welt. Es ist die großartigste Form der Civilisation oder der bürgerlichen Gesellschaft, aber auch die schneidendste, die mit Kanonen ihren Opiumhandel aufrecht erhält, eine Civilisation, die von den Asiaten, die sie beherrscht, nicht ganz mit Unrecht Barbarei genannt wird. Was beweist die See- und Weltherrschaft? Die rohe Macht der Civilisation. Aber vielleicht beruht das Selbstgefühl der Engländer auf ihrer Volksfreiheit im Lande? Das Volk ist so wenig frei, daß es kaum im Lande leben kann; der Adel und die Reichen sind aber kein Princip der Freiheit, im Gegentheil der Unterdrückung. Die herrschende Klasse beutet England aus, wie sie Indien und China ausbeutet; sie richtet das arme Volk zu Grunde, in Irland und in England stirbt es vor Hunger und Elend, und alles das im Dienst der Lords und Fabrikanten. Diese menschenfeindliche Klasse herrscht, sie ist mächtig, und dieser englische Nationalstolz hat allerdings mehr Inhalt, als der deutsche Patriotismus. England agirt als Nation und ist die mächtigste auf der Erde, so lange Frankreich nicht zu sich selbst oder Nordamerika zu seinen Jahren kommt; aber die Macht Englands ist die rohe Macht, die Rohheit des alten Germanismus, der die Welt besitzen will, der alten Gefolgsmänner, die Land und Leute unter sich theilen. Und diese Macht, diese Erfüllung des widerwärtigen germanischen Realismus, dieses Bewußtsein des Löwen und des Einhorns wäre eine gerechte Ursache zum Selbstgefühl und zum Stolz einer Nation? Beschämt sollte England sein über die bodenlose Verwahrlosung des Menschen nicht nur in England und Irland, sondern in seinem ganzen Reich, wo die Sonne über den Heloten nicht untergeht. Kein Patriotismus hat es nöthiger, in Humanismus aufgelöst zu werden, als der englische, und keiner scheint dieser Auflösung näher zu sein. Der englische Socialismus ist das Kind des crassen englischen Realismus und der Vater alles Socialismus. Niemand hatte mehr Recht, sein Vaterland ein Stiefvaterland zu nennen, als der verwahrloste Mensch im reichen England; er hat es gethan, und seine Klage ist anhängig bei dem Geschwornengericht seiner Peers in der ganzen Welt der Geschichte.

26. Der nordamerikanische Patriotismus

Von dem englischen wenden wir uns zu dem nordamerikanischen Patriotismus. Er ist der demokratische Stolz. Das Volk selbst herrscht nur hier. Es herrscht über die Wilden, über seine Sklaven, es kämpft mit der Natur, es nimmt die Welt in Besitz durch Handel, Schiffahrt und Colonisation; aber mittelst der Civilisation Besitz zu ergreifen, das hat es von seinem englischen Ursprunge und von seiner deutschen Natur. Der entfesselte, völlig blosgelegte Egoismus ist vom stärksten Selbstgefühl begleitet, dic Freiheit des Demos ist seine gänzliche Herrenlosigkeit, aber er ist selbst Herr. Die Vertreibung der Wilden, der

Besitz der Schwarzen und sonst der Kauf und Verkauf von allem, was existirt, ist eine Äußerung seiner Kraft und Herrschaft. Die Macht und Geltung der Nation ist die Macht der Demo*kratie*, die Macht des völlig entfesselten Civilisationsmenschen, und diese Macht ist noch fortdauernd im Wachsen, sie nimmt ihr Selbstgefühl aus diesem Aufschwung. Aber der Demos macht sich in seiner ganzen Naturwüchsigkeit zum Princip, und wenn er dem politischen Druck Altenglands und Deutschlands entwandert ist, den Druck seiner eignen inhumanen, rohen Natur und der disparaten, auf den Zufall gestellten Gesellschaft, den ewigen erbitterten Kampf aller gegen alle hat er desto empfindlicher bei sich zu Hause. Die Selbstständigkeit und der Kampf der Vereinzelten gegen einander, eine Concurrenz, wobei sie sich selbst in die Luft sprengen, ein Krieg, der einmal sogar bis zum Duell auf Locomotiven geführt haben soll, ist von Jugend auf die Welt des Nordamerikaners. Schon sein Friede bildet ihn für den Krieg, er kämpft und erobert immer, sowohl im Gewühl seiner Handels- und Gewerbswelt, als in der Colonisation der wilden Natur und im Conflict mit wilden Völkern und Bestien. Aber dieser Friedenskrieg und seine Rohheit, seine Kraft und seine ungeheuren Erfolge sind immer ein sehr inhumaner Grund des nordamerikanischen Patriotismus. Seine Bornirtheit macht schon jeden gebildeten Europäer, der einigermaßen Idealist sein kann, stutzig, und der realistische Humanismus nennt sie die Bornirtheit der bürgerlichen Gesellschaft, welche nicht die menschliche Gesellschaft, sondern den isolirten Menschen und sein MAKE MONEY zum Princip macht.

27. Endlich der französische Patriotismus

Er ist der Stolz der Revolution. Er steht dem Humanismus am nächsten; er war so lange mit ihm identificirt, als die Revolution sich für die Befreiung und Rettung der Menschheit erhob. Nur in diesen großen Momenten hat das Feuer des humanen Enthusiasmus existirt und ist auch die gemeinschaftliche Arbeit der Menschen für ihren eignen Zweck eine Thatsache gewesen. Im Grunde aber hatte die Revolution vom *Menschen,* den sie ausdrücklich vom *Staatsbürger* unterscheidet, in den droits de l'homme et du citoyen nur den nordamerikanischen Begriff. Sie läßt ihn auswandern aus der feudalen Knechtschaft des Mittelalters und, in der neuen Welt angekommen, mag er nun selbstständig und frei werden, so gut es gehen will: HELP YOURSELF. Die Bewegung der bürgerlichen Gesellschaft als die Arbeit und Angelegenheit des Ganzen zu constituiren, konnte den Männern jener Zeit schon darum nicht beikommen, weil sie die Freiheit entschieden nur in der Constituirung des Staats neben der unconstituirten oder sich selbst überlassenen bürgerlichen Gesellschaft suchten. Können wir jetzt wohl sagen: Um den Menschen frei zu machen, muß man ihn erst schaffen, ihn mit all seinen Bedingungen zum Menschen bilden; so setzt die Revolution den freien Menschen mit allen seinen Bedingungen, der Existenz und der humanen Arbeit voraus, obgleich sie in all ihren convulsivischen Anstrengungen und in ihrem absoluten Verdacht nur das Gefühl ausdrückt, daß diese Voraussetzung irrig und sehr übel begründet sei. Die Tugend, die sie fordert, muß sie überall vermissen, denn eben die Untugend ihrer Zeit hat die Revolution erzeugt. Das Material war nur phantastisch und enthusiastisch, nicht sogleich auch reell umgeformt. Man hatte noch keine *neuen* Menschen, wenn man das Blut der *alten* vergoß. Man hatte den Egoismus nicht aufgehoben, wenn man das Opfer proclamirte, ja, man war mit dem Blute der Opfer selbst noch mitten im alten System, im Molochdienste der altreligiösen Welt, welche sich nicht darauf versteht, das Ich zu bilden, sondern nur es zu vertilgen. Es ist nicht zweifelhaft, daß die Revolution den Humanismus zum Princip hat, aber es ist gewiß, daß sie ihn noch inhuman verstand und in ihren Institutionen nur sehr unvollkommen erreicht hat. Die Demokratie der Schreckensperiode, – die man denn doch als die höchste Realität der Revolution anerkennen muß, sie ist siegreiche und wirklich herrschende Demokratie, – opfert alles und alle der kalten *Tugend*. Die Tugend ist ein menschlicher, ein sittlicher Begriff, wenn sie Menschen*arbeit*, kein Menschen*opfer* verlangt; aber der terroristische *Tugendheld* ist ein Mönch, kein Mensch; und das Opfer des Menschen aus Tugend ist eben so unmenschlich, als das Opfer des Menschen aus Religion. Danton und die sittlichen Menschen, Desmoulin und die Materialisten sind daher Repräsentanten einer fortgeschrittenen Auffassung des Humanismus, deren die Revolution im Ganzen noch nicht fähig war. Die *Tugend*, welche die Sinnlichkeit und das ganze materielle Weltwesen für ein Unwesen hält und hochmüthig zurückstößt, ist nichts, als Untugend. Diese Untugend war in der Revolution ein politischer und intellectueller Mangel, ein welthistorischer Mangel, der sich aber jetzt erst fühlbar macht und aufheben will. Die Constituirung nicht nur des Staats, sondern seines ganzen Materials, die Aufhebung aller excentrischen Bewegungen im Staat, die Constituirung also der ganzen bürgerlichen industriellen Welt, ist eine Aufgabe, welche die alte Revolution nicht fassen konnte und deren Lösung auch für einen neuen Aufschwung der Menschheit vielleicht noch unerreichbar bleibt. Es fehlte jener Zeit nicht an Kühnheit, aber es fehlte der Welt an der Entwicklung der Verhältnisse bis zu diesem Punkt, und so blieb die Welt religiös und spiritualistisch. Ihr Reich ist nicht von dieser Welt. Die Tugend und die Freiheit scheinen unmöglich zu sein; denn alle Untugend und die eiserne Unterdrückung entsprang von Neuem aus der Revolution. Nicht einmal ihr Ideal, die nordamerikanische Demokratie, hat die Revolution erreicht, der revolutionäre Patriotismus konnte daher noch viel weniger der humane bleiben, als es der nordamerikanische und englische ist, er wurde der militairische, der Tugendheld (Robespierre) wurde der Kriegsheld (Bonaparte), die bürgerliche Tugend der kriegerische Ruhm. Der Held erklärte nun auch die constituirte Staatsfreiheit für überflüssig und der *militairische Patriotismus* ist unmittelbar wieder der alte principlose. Für Frankreich im Allgemeinen konnte man sich allerdings auch unter den Fahnen eines Imperators interessiren. Man setzte seine Größe in die Erweiterung seiner Grenzen und seine Arbeit in das kriegerische Talent, dies zu bewirken.

Der Geist des Patriotismus ist militairisch und das Militair der constituirte Patriotismus. Wir haben dies erörtert. Mit Napoleon sind wir daher wieder bei der Realität der alten

Welt angelangt. Die Realität der neuen Welt hatte sich durch die Revolution nicht begründet. Die menschliche Existenz und das wirklich menschliche Leben aller Menschen war nicht erreicht, der Realismus der alten Welt, von dem Kaiser bis zum Bettler, von dem Pabst bis zum letzten Priester, die alte *Politik* und die alte *Religion*, die alte Theorie und die alte Praxis stellte sich wieder her. Die Consequenz war unerbittlich und bis auf Namen und Personen kam das alte Regiment wieder über das neue Frankreich eben darum, weil es nicht reell, nicht durch und durch neu geworden war.

28. Schluß

Patriotismus und *Religion* sind auch in Frankreich der Ausdruck *der alten Ordnung der Dinge.* Sie ist die Unordnung der *Menschenwelt,* in welcher die Dinge über die Menschen herrschen, in welcher die verwahrloste Existenz *in* der Welt und das vollkommene Wesen *außer* der Welt die dämonischen Principien bilden und – »Menschenopfer fallen unerhört«.

Die neue Ordnung der Menschenwelt ist dagegen noch einmal das Problem geworden, für dessen Lösung Frankreich seine Erfahrung, seine Talente und seine Kühnheit aufbietet. Diese Aufgabe ist frei von patriotischer Beschränktheit. Deutschland dagegen hat nicht politisch, es hat nur wissenschaftlich agirt, es hat keine radicale Parthei, aber es hat ein radicales Bewußtsein erzeugt. Die deutsche Philosophie war patriotisch, als Deutschland noch die

Freiheit der Philosophie proclamirte; sie hat den Patriotismus ablegen *müssen,* weil kein Grund, auch kein theoretischer mehr für ihn vorhanden war, sie hat ihn abgelegt, weil sie seine Grundlosigkeit und die Illusion, auf die er überall gegründet ist, erkannt hat; aber sie weiß es, daß in ihrem Princip, und also im Aufgeben des Patriotismus selbst, einzig und allein die Ehre Deutschlands vor dem Richterstuhl der Geschichte gerettet ist, während der zurückgebliebene Patriotismus alle Schande zu seinem Inhalte nimmt und die einzige Ehre seines Vaterlandes, die philosophische Arbeit, die Lösung der *theoretischen Sklaverei* des Menschengeschlechtes *ausstößt, verfolgt und verwünscht.*

Es ist für das Princip des Humanismus unumgänglich nothwendig, wie dies auch geschieht, sich an alle geschichtliche Nationen zugleich zu wenden, um in allen sich eine Parthei zu bilden. Aber diese That ist selbst Princip, sie ist daher eben so freiwillig, als sie nothgedrungen war.

Selbst der Patriotismus für ein menschgewordenes Volk wird sobald nicht möglich – und eher wird die Humanisirung des Patriotismus überhaupt nicht möglich. Mag also der Patriotismus bleiben, wo er hingehört, und untergehn, wo seine Zeit vorüber ist, wir können ihn so wenig bedauern, als wir die Religion und den Cultus all ihrer gestorbenen Götter bedauern. Man wird sich nicht opfern, nein; aber wir haben gesehn, daß die Arbeit freier Menschen an die Stelle der aufgeregten Opfer tritt, ja, die Geschichte selbst, – nennen wir nur Mirabeau und Carnot, – hat schon hervorragende Männer erzeugt, die eine solche Arbeit ohne Fanatismus öffentlich ausgeführt; also wird

Niemand zweifelhaft sein, ob diese Arbeit, wenn sie allgemein wird, die Penaten der neuen Freiheit rettet oder in Gefahr bringt.

Jetzt existirt diese Freiheit ohne Haus und Heerd, jetzt ist sie in Gefahr; aber diese Gefahr alterirt sie keinen Augenblick. In den Köpfen derer, die sie in aller Fremde für sich gewinnt, entzündet sie ihr ewiges Feuer, sicher daß es die ganze geschichtliche Welt ergreifen und all ihre bösen Schäden ausbrennen wird.

Nur einen Schaden giebt es, den keine sittliche Weltordnung curiren kann, den physischen, der die Geschichte selbst klimatisch beschränkt, und nur diesen Unterschied der Menschen lassen wir dem Patriotismus übrig. Wenn er sich behaupten will, muß er zuletzt mit ihm der Bildung und Versittlichung der Welt entgegentreten.

Wer also ist noch patriotisch?

Die Reaction.

Wer ist es nicht mehr?

Die Freiheit.

Aus einem offenen Brief zur Verteidigung des Humanismus an Robert Eduard Prutz

Vortrefflicher Prutz!

Als ich im Mai des vorigen Jahres Dir einen Theil meiner gesammelten Schriften widmete, hatte ich noch keine Ahnung davon, daß Du in dem heißen Kampfe der rohen und humanen Welt, den wir erleben, »die patriotische Partei« ergreifen, dem Humanismus einen Absagebrief (den Brief: Vaterland? oder Freiheit?) schreiben und mir wegen meines Angriffes auf das Princip der Reaction – denn das sind ja die rohen Volksgeister und ihr übelbegründetes Selbstgefühl, es ist der Patriotismus der nichthumanisirten Völker – den Fehdehandschuh ins Gesicht werfen würdest; eher hätt' ich an Menzel oder an die Augsburger Zeitung gedacht! Es ist geschehen; ich nehme Deinen Handschuh auf. Ich berühre Deinen Schild und sage Dir: Patriot, Dein »freies Vaterland« ist nicht frei; Deine »patriotische Partei«, die das Vaterland beherrscht, wußte seine Fesseln nicht zu lösen.

Vaterländisch und human *sind* Gegensätze; um so schlimmer, da sie es *nicht sein* sollten.

Vaterländisch ist der Unterthan ohne politisches Recht; human wäre der Staat freier Bürger.

Vaterländisch ist die Inquisition und das heimliche Gericht durch besoldete Diener des Landesherrn; *human* wäre das Gericht auf offenem Markt vor geschworenen Bürgern.

Vaterländisch ist die Censur und die Unzurechnungsfähigkeit des Autors, das Verbot der Schriften und Vorlesungen; human wäre jedes Menschen Recht frei zu schreiben und zu reden und für sein Wort selber einzustehen – nur vor den geschworenen Richtern, seinen Mitbürgern.

Väterländisch ist die Proklamirung neuer »Religionsedicte«; human wäre die Fahne Friedrichs II., Lessings, Kants und Goethes.

Wenn Dein »*freies* Vaterland« existirt, und Du dringst ja so sehr auf die Existenz, wie kannst Du für *diese* Freiheit patriotisch sein? Wenn Du aber nur für das künftige, einmal zu befreiende Vaterland patriotisch bist, so wärst Du ja für das ganze Programm des Humanismus, was also schreibst Du gegen mich, der ich es proklamire? – Patriot, Liebhaber des zukünftigen Vaterlandes, mache ein Lied »an die zukünftige Geliebte«, wie Klopstock, als er keine hatte, aber sage nicht, daß Du verliebt bist, Du willst es erst werden.

Das Vaterland *fehlt uns;* darüber klag' ich mit Dir. Dagegen »die patriotische Partei« ist *vorhanden;* sie ist vorhanden in Arndt, Jahn, Görres, Menzel, Kolb, Bülau, einigen Hochgestellten und vielen Freiwilligen von 1813 und 1815. Patrioten ohne Patria!

Eine *neue* patriotische Partei wirst Du nicht gründen.

Jede *neue Partei,* die jetzt existiren will, muß die *humanen* Freiheitsformen im Staat, in der Presse, in Kunst und Wissenschaft, im Kultus und im Gericht auf ihre Fahnen schreiben, und in Deutschland nicht im Allgemeinen Deutschland, sondern die bestimmten Reformen in den wirklichen Staaten, wodurch freie Männer geschaffen werden, wollen und ausführen. Jede Partei, die dies nicht thut,

fällt auf die Seite der *alten* »patriotischen Partei«, die dies unterlassen hat.
Das allgemeine Gerede von Deutschland und seiner Herrlichkeit ist hinderlich; die Einsicht hingegen, daß jene Reformen, die bei fremden Völkern realisirt sind, *jedes Menschen* Erbtheil und Eigenthum seien, ist förderlich. Das Wort »Deutschland« bedeutet jetzt nichts anderes, als die Abwesenheit der humanen Staats- und Geistesformen, die wir oben aufgezählt. Das Wort *»menschliche Freiheit«* hingegen bedeutet in allen Punkten, daß wir, wie jeder Mensch, welche Sprache er auch spricht, jene Formen nicht entbehren können, und wo die Anfänge dazu vorhanden sind, sie möglichst rationell ausbilden müssen.
Und über dieses einfache, aber gerade jetzt unendlich wichtige Dilemma gerathe ich mit Dir in Streit? Du, ein Freund der Griechen, trittst auf die Seite des Naturwuchses, die Menschen sind Dir »die Nervenenden der Erde«, Du läßt Dich einschreiben bei *»der patriotischen Partei«* und lehnst Dich auf gegen die Humanität, das Einzige, wodurch die Griechen Griechen sind?
Das Princip trennt, täusche Dich darüber nicht! Ist es Dir Ernst mit dem »patriotischen Naturwuchs« und der ganz aparten »deutschen« Freiheit, so gratulir' ich unsern Gegnern zur Acquisition Deiner Feder, nicht aber Deiner Feder zur neuen Farbe; und so schmerzlich mir es ist, ich wiederhol' es, »würden alle meine Freunde aus freien Männern verstockte Patrioten, so müßt' ich mir ihren Verlust gefallen lassen. Das Princip kann man auch seinen Freunden nicht opfern; wer es opfert, wurde nie von ihm

geleitet. Was ist es andres als das Herz, die Seele, das Ich, der ursprüngliche sich selbst bewegende Punct der Entwickelung? – *Der Patriotismus ist die Seele von 1813.* Auch die Seele unserer Partei sucht es dahin zu bringen, die ganze Nation zu bewegen; wenn ihr dieser Gegenstoß gelungen ist, so werden wir »Patrioten«, – aber Patrioten der Humanität und eines neuen Völkerrechtes, des Rechtes der humanisirten freien Völker.

Die Auflösung des Patriotismus in Humanismus ist weiter nichts als die Auflösung des Dialektes in die Kultursprache. Ein gebildeter Berliner spricht schön, der Berliner Dialekt ist abscheulich. Der gebildete Berliner verliert den Charakter der Gasse, aber er verliert den Charakter nicht, wenn er die Schriftsprache rein und ohne hörbaren Dialekt spricht, im Gegentheil, er zeichnet sich dadurch sehr eigenthümlich vor den Millionen aus, die es zu dieser Bildung nicht bringen können.

Nicht der Untergang der Dialekte, die Zähigkeit der lokalen Mißtöne und habituellen Rohheiten, das ist das Unangenehme, das Verderben der wahren Erscheinung, der Schönheit.

In der Politik ist es nicht anders. Die nationale Zähigkeit braucht nicht gepflegt zu werden. Unkraut verdirbt nicht, so kalt auch der Winter ist.

Aber der Stolz unserer vorgeschrittenen Zeit, die einzige Entschuldigung, wenn wir dem Alterthum ins Gesicht sehn müssen, ist, daß Ein *menschliches* Princip alle Kultur*völker* in einen großen Bund vereinigt hat.

Die Auflösung des Patriotismus in Humanismus ist die Freiheitsfrage der neuesten Geschichte.

Sie ist es nicht nur bei den Philantropen, Socialisten, Republikanern. Sie ist es auch in der *großen Politik.*

Alle wirkliche Politik ist schon jetzt Kosmopolitik. Sie ist es in England, in Rußland, in Frankreich; sie war es in der heiligen Allianz. Die Kulturvölker sind nicht ohne den Rath der Amphiktionen geblieben.

Nun löset die *heilige* Allianz durch den Bruch der Verträge mitten im Frieden, den die einseitige Aufhebung Krakaus offenbar gemacht, das Völkerrecht von 1815 selber auf; die Engländer und Franzosen stehen ihr gegenüber und haben mit lauter Stimme gegen diese Verletzung des allgemeinen Rechtes in Europa protestirt.

Wir sprechen hier nicht von der Gefahr, den Codex der Menschheit, den die großen Friedensschlüsse sanktioniren, willkürlich aufzuheben. Uns interessirt nicht der gefährdete Angreifer auf das Gesetz, sondern die Wiederherstellung des Völkerrechtes, DU CONCERT DES NATIONS. Eine Neubildung steht ihm bevor. Die Völker müssen sich wieder in Einem Princip und in einer bestimmten Fassung desselben vereinigen; aber es ist keine zweite *heilige,* es ist nur noch eine *humane* Allianz möglich. Das anerkannte Princip der menschlichen Freiheit und nur dieses, nicht das Bekenntniß der christlichen Dogmen und die Verkennung der ethischen Wahrheit die das Christenthum enthält, vermag von jetzt an den Congreß der Völker zu constituiren.

Die Patrioten vergessen die inneren Freiheitsgesetze über dem Namen des *ganzen* Volks, und die Freiheitsgesetze der ethischen Welt über ihr *einzelnes* Volk.

Übrigens macht kein Princip an der Grenze der Völker

Halt, selbst das patriotische nicht, denn es verfolgt ja den Feind in sein Land hinein; und die verkörperten Principien, die Parteien, haben immer die Völker durchdrungen; Hippias war bei dem Perserkönig, die Emigranten bei dem Herzog von Braunschweig, die Royalisten bei dem alten Blücher, Gustav Adolph für die Deutschen, Cromwell für die französischen Protestanten, Lafayette für die amerikanische Freiheit, Thomas Payne und Clootz im französischen Convent und ein Korse der Bravo des 18. Brumaire in St. Cloud. Am allerwenigsten kann die Freiheit sich Grenzen setzen, so lange noch eine menschliche Seele nicht gewonnen ist.

Darum ist das Christenthum wohlthätig geworden, weil es die Völkerfamilie, das Völkerrecht und den konstituirten Weltfrieden möglich gemacht hat. Das Christenthum ist eine Form des Humanismus, die religiöse. Die Freiheit ist eine andere, die politische.

Gegen diese neue Form des Humanismus, die allerdings auf einen Universalstaat, in dem alle Völker nur Provinzen sind, ausgehn muß, opponirte sich in den Koalitionen der Zorn der rohen Volksgeister Europas und siegte über den Verräther der Freiheit, über Napoleon, er siegte im Namen des »*Völker*rechts«. Vortrefflich! aber die Völker legten zu viel Gewicht auf ihre anonyme, unsägliche Individualität, auf ihr Volksthum, *auf ihre Natur*, auf den rohen Dialekt, auf die aparte Sitte, auf die alte Krankheit ihrer angestammten Gesetze; *sie vergaßen die Freiheit*, ihre gemeinsame Aufgabe, sie versäumten die politischen *Formen*, die den Menschen erst sein wahres *Wesen* erreichen lassen.

Es gibt seitdem nach den beiden Principien der *»Naturwüchsigkeit«* und der *»Freiheit«* zwei große Parteien. Diese kämpfen in allen europäischen Kulturstaaten mit einander und werden zuletzt durch einen großen ernsten Principienkampf
das neue Völkerrecht des politischen Humanismus gründen.
Das Völkerrecht von 1815 ist *»die heilige Allianz«*. Deutlicher konnte man den alten Humanismus, durch den die aufgehetzten Volksgeister wieder versöhnt werden mußten, nicht aussprechen.
Der Form nach that auch *»die heilige Allianz«*, was dem *Rathe der Völker* zukommt, sie ordnete die europäischen Verhältnisse; aber sie ordnete sie nicht im Sinne der Freiheit, sondern als ihre Gegnerin. Es ist klar, daß erst der Kongreß aller Kulturvölker der Erde, von dem freien Inhalt ausgefüllt, der richtige wäre.
Und diese Erscheinung ist nicht unmöglich, vortrefflichster Naturfreund, ja, sie ist schon jetzt als unvermeidlich anzusehen, wenn sie auch den imposanten Rath der Amphiktionen, der in Aachen, Wien und Verona saß, bei Weitem überstrahlen wird.
Nicht also die Aufgabe des *Humanismus*, in allen Verhältnissen dem Menschen zu seinem Rechte zu verhelfen, ist eine unmögliche; wohl aber ist es die des *Patriotismus*, auf Ein Volk den Accent zu legen, durch die gleiche Religion und Kultur der Völker Europas schon längst geworden. Selbst die Empörung der Völker gegen die »große Nation« hatte darin Recht, daß sie diese Unmöglichkeit bewies, und die *vereinigten* Völker wären eine Erschei-

nung des wahren Princips, der *Menschheit,* gegen das falsche, *der ausschließlichen Nationalität,* gewesen, hätten die vereinigten Völker die Freiheit und Bildung gehabt, welche dem wahren Menschen zukommt. Aus ihrem LIGNUM wurde kein MERCURIUS.

Das *Allgemeine,* von dem jede ethische *Realität* (der Mensch, die Familie, die Gemeinde, der Staat) ihren Werth empfängt, ist *die Humanität, ein anderer Name für Vernunft und Freiheit.*

Die *Nationalität* hat diese Bedeutung nicht; sie ist im Gegentheil der Unterschied der Nationen und der nationalen Menschen. Die Nation also erhebt sich zur Würde einer wahren ethischen Existenz nur, wenn sie ein humaner, ein freier, *vernünftig geordneter Staat von freien Menschen* ist. *Die Nationalität der freien Nation ist Humanität,* wie der Dialekt des gebildeten Berliners reine Schrift- oder Kultursprache ist, und wie selbst die LINGUA TOSCANA IN BOCCA ROMANA nichts Anderes als diese Reinigung bedeutet.

Ich komme jetzt zu Dir zurück, mein naturwüchsiger Philosoph. Du bist ein großer Übelthäter, der Du die Verwirrung Deiner unklaren Tiraden in diese Bestimmungen hineinträgst, die Jedermann durchschauen muß, der als Politiker auftritt.

Wenn ein Mann wie Menzel oder sonst einer der vielen altdeutschen Überreste für den Geist der Freiheitskriege und die durch ihn gesicherte Reaktionsperiode schreibt; so antwortet man dieser Vergangenheit und ihren Perücken mit Verachtung, dreht ihnen den Rücken und schaut hinaus in die neue Periode nach den frischen Locken ihrer Simsons.

Wenn aber ein junger Mann, dessen Name einen guten Klang in der befreienden Literatur hat, seine Feder in die alte Lauge des »Naturwuchses« taucht und die *Baum-, Fluß-, Felsen- und Landkartenpolitik,* die uns seit 30 Jahren zum Narren hat, in einer neuen Schwulstrede wiederholt, so würde es zweckmäßig sein, den Sirenengesang des jungen Feindes auf die Noten der Philosophie zu setzen, auch wenn er weniger herausfordernd gesungen wäre als der Deinige; und ich hoffe, Du sollst mit der Deutlichkeit und auch wenn Du willst mit der Kunstmäßigkeit meiner Antwort zufrieden sein.
Mein Dilemma war: Wer ist *noch* patriotisch? Die Reaktion. Wer ist es *nicht mehr?* Die Freiheit. Du schreibst gegen mich, aber Du wiederholst nicht meine Frage. Du fragst nicht, wie ich, kann man jetzt noch patriotisch sein oder muß nicht vielmehr Jeder, der frei sein will, allen Patriotismus so lange ablegen, bis er Ursache hat, ihn zu fassen, nämlich bis er den freien Staat gegen die Barbaren vertheidigt, wie ich denn auch den »humanen Patriotismus« der französischen Republik gerechtfertigt fand. Ich sagte mit Einem Wort: »*Der Patriotismus ist das Selbstgefühl der Republik,* Vaterlandsliebe das Heimathsgefühl der Naturvölker.«
Es ist also doch klar, daß ich nicht den *ehrlichen* Patriotismus, zu dem man durch die Lage des Staats genöthigt ist, sondern den verrückten und den verruchten Patriotismus, den man für jeden Staat und den man *gegen* die Freiheit haben will, den erheuchelten und den unbegründeten, angreife, wobei es sich von selbst versteht, daß mit dem Siege des Humanismus aller Grund zum kriege-

rischen Patriotismus wegfällt und mit der innern Konstituirung des menschlichen freien Gemeinwesens nur ein Gefühl der Gesundheit oder der ungestörten Lebensbewegung übrig bleibt, auf welches man kein Gewicht legt, wenn man nicht krank ist, das aber darum nicht minder das höchste Gut ist.

So lautet meine Frage, sie lautet in meiner Abhandlung *über* den Patriotismus und *gegen* den inhumanen Patriotismus wörtlich so; und meiner Antwort auszuweichen, ist nur möglich durch die Aufstellung einer ganz neuen Frage, die freilich so einfältig ist, daß sie kein Mensch jemals gethan hat, der seine fünf Sinne beisammen hält, am allerwenigsten ich.

Du fragst: Vaterland? *oder* Freiheit? und Du antwortest: *»das freie Vaterland«* und *»die patriotische Partei«*.

Du hast Dir nicht überlegt, daß »mein Vaterland mein Staat« heißt. Die Fiktion von einer reinen Stamm- und Sprachgenossenschaft, von einem Zustande vor der Zeit, wo mehr oder minder rationelle Staaten die ganze Erde in Besitz nahmen, wäre viele tausend Jahre zu spät. Wenn ich in England *»mein Vaterland«* verliere, kann ich es in Nordamerika wieder gewinnen, seitdem nämlich Nordamerika ein Staat ist. Du siehst, nur der Sklave hat kein Vaterland, und der Staat ist natürlich entweder die Freiheit oder er ist kein Staat, sondern eine Pflanzung, ein Besitzthum. Die verschiedenen Pflanzer oder Guts- und Sklavenherren bilden dann aber immer wieder einen *Staat.* Sie haben ein *Vaterland,* nicht ihre Sklaven. Vaterland? oder Freiheit? konntest Du also wohl fragen, denn Du hast es gethan. Ich aber nicht, denn mit Deiner und aller teutonischen Geographen Erlaubniß, es ist Unsinn: Vaterland ist Staat und Staat ist Freiheit oder er ist kein Staat. Die Amphiktionen in Frankfurt oder in Verona waren eine republikanisch konstituirte Gemeinschaft. Mit dem Unsinn, den Du mir aufbürdest, als wollte ich eine Freiheit ohne Vaterland gründen, ziehst Du nun gegen mich aus, und obgleich ich Dir durchaus nicht widerspreche, wenn Du *Deine* Frage absurd findest, so muß ich doch dafür herhalten. Du ziehst die ganze Rüstung der naturwüchsigen und deutschtollen Harlekinade an und reitest die revolutionsfresserische Rosinante der Reaction. Du beginnst mit der gewöhnlichen Ironie gegen die Jakobiner folgendermaßen:

»Hebert hat gesprochen, der Convent hat abgestimmt; IL N'Y A PLUS DE DIEU! Das Vaterland existirt nicht mehr! Nationalgefühl, wie bornirt! Patriotismus? welch ein zurückgebliebener Standpunkt!«

Ja wohl, wie bornirt! und mehr als zurückgeblieben, zurückgekommen und heruntergekommen! Der Convent mit seinen Glaubensdekreten scheint Dir dumm zu sein, ohne Zweifel weil er kein Concilium von Theologen war, denn von denen bist Du es doch gewohnt, daß sie die Eigenschaften Gottes festsetzten? Ich dächte, sie hätten noch im vorigen Jahre ein Glaubensbekenntniß dekretirt. Und das Vaterland? das *geographische* Deutschland existirt, Du überzeugst Dich alle Jahre davon, indem Du es an verschiedenen Orten inspicirst, aber daß der *Staat* Deutschland nicht mehr existirt, das habe nicht ich dekretirt, das hat auch der Convent nicht dekretirt. Wenn Du Dir's aber genauer überlegst, wirst Du finden, daß allerdings die

Dekrete des Convents unter andern auch eine Ursache davon sind. Und ob das Nationalgefühl, das Bewußtsein der Stammgenossen *bornirt* sei? Es ist ja die Bornirung auf diesen Stamm. Aber der Patriotismus, den Du sehr gewählt einen *»Standpunkt«* nennst, wenn er dem *deutschen Staate,* der nicht mehr vorhanden ist, gilt, so ist er freilich zurückgeblieben, ein Phlegma, kein Spiritus; gilt er aber dem kommenden Staate, so warne ich Dich, mit diesem Spiritus in Deutschland nicht unvorsichtig umzugehn. Als Redensart ist er eine Gaukelei, als Ernst ist er ein dreißigfacher Hochverrath.

Allerdings in der Fluth des thörichten Nationalismus mitschwimmen, heißt für den Augenblick, wie es scheint, einem großen Publikum seinen Willen thun, und wenn man nichts wünscht, als *»die Sympathieen dieses Publikums«*, so ist es vielleicht praktisch. Gutzkow schrieb einmal an Heine: »Die Welt wird wieder moralisch, hören Sie auf frivol zu sein!« Und zu dieser Politik wäre Robert Eduard Prutz avancirt? Ich achte Heine höher, der nicht aufhörte er selbst zu sein, als seinen Rathgeber, der »in dem Publikum *seinen Meister* verehrte.« Ich halt' es aber auch nicht einmal für praktisch. Wer die Welt für seine Idee gewinnen will, kann leicht von ihr dafür gekreuzigt werden; wer aber nichts will, als was auch ohne ihn die Welt schon will, der will etwas völlig Überflüssiges, und eine mir unbekannte Logik gehört dazu, das Gelingen eines schon Gelungenen, das Thun einer schon vollbrachten That, das Tödten eines *Todten »praktisch«* zu finden; – ich nenne es überflüssig.

Nein, lieber Freund, ich verstehe Dich nicht. Deinen Schreck über die Humanisirung aller Nationen, die ich verlange und die Du mir schließlich zugibst, und Dein *Bedauern* über meine Beleidigung des »Meister Publikum« verstehe ich eben so wenig, als ich jenen Regierungsrath verstehe, der einmal sagte: »Der Ruge ist doch verrückt, er will einen Staat ohne Pöbel, ohne Priester und ohne Soldaten!«

Du deklamirst S. 71 Deines Aufsatzes: »Vaterland? oder Freiheit?« so: »Das Volk weiß mehr vom *Vaterlande*, von dem es sich umgeben fühlt, das zu ihm spricht im Rauschen seiner Bäume, im Duft seines Weines, im geheiligten Laut seiner Sprache, in tausend und aber tausend Erinnerungen und Denkmalen, als von der *Freiheit* (!), von der es nicht weiß, wo sie wohnt, deren Zauber es nie empfunden hat, die ihm keine Gestalt, kein Bild, keine Anschauung gewährt und wenn Du ihm sagen wolltest, daß sie krapprothe Hosen (!) trägt.«

Poesie! aber wahrlich keine unsterbliche und auch keine politische! vielmehr die vollkommenste Abstraction von der ganzen Sphäre der Politik, von der ganzen ethischen Welt. Man glaubt einen Höhlenbären philosophiren zu können! Ich sage Dir, *die Freiheit kennt Jeder.* Das Kind, das seine Mutter kennt, der Knabe, der mit seinen Freunden und Feinden lebt, der junge Mensch, der in die menschliche Welt geht, statt in dem romantisch rauschenden Walde sich zu verirren, fühlt sich in der Freiheit und fühlt gleich, wo ihn eine freie Gesellschaft und wo ihn eine tyrannische »umgibt,« denn nicht die Gegend umgibt den Menschen, sondern die andern Menschen sind *seine* Umgebung, mit ihnen geht er um und sie mit ihm. Und Du behauptest: »Das Volk weiß nichts von der Freiheit?« welch' eine abstrakte Blasphemie: Es lebt immer in irgend einer, wenn es anders ein *Volk* ist, ja selbst der Sklave und der Gefangene, der gewiß nicht zuviel von der Freiheit *hat*, *weiß* von ihr und wie lebendig! Wenn aber ein Volk wirklich nichts von der Freiheit wüßte, so lernt es sie kennen durch klarere Köpfe als Du einer bist, und verlaß Dich darauf, es wird »das Rauschen seiner Bäume« verachten, das von dem Geklirr seiner Ketten unterbrochen war. Der Freiheit ein Vaterland zu erobern, das hat noch jedes Volk verstanden, das ein Volk war.

Und nun noch einmal, der Freie ist nicht des Freien Feind, freie Völker sind auch vom Nationalhaß frei. Ist aber das Selbstgefühl eines Volkes positiv, so ist es das Gefühl der freien politischen Bewegung, und dies ist nothwendig politische Parteibewegung und *geregelte* Parteibewegung, weil die Prinzipien sich in Parteien verkörpern müssen. Das Vaterland ist das Vaterland der Freiheit, der freie Staat. Die erste Partei, die für ihn auftritt, wird das Recht haben, sich eine patriotische im positiven Sinne zu nennen. Gegen diese wurde nicht geredet, wenn der Nationalität die Humanität entgegen- und zum Zweck gesetzt wurde. So aber wird es ewig bleiben; kein Gott kann es ändern und kein Poet.

Lieber Prutz, in der Politik wird auf die Prinzipien die Probe gemacht, sie ist für Niemand gefährlicher als für den Naturalisten, darum bekehre Dich zu den Penaten der Philosophie. Nur so kann es Dir auch gelingen, was Rechtes zu dichten. Schiller verstand den Kant, Goethen befreite Spinoza. Auf Wiedersehn also nicht in den germanischen Wäldern, sondern im Feldlager der deutschen Philosophie!

Rede Arnold Ruges in der 45. Sitzung der Deutschen Nationalversammlung in der Frankfurter Paulskirche

Den Antrag, meine Herren, den ich mir zu stellen die Ehre gebe, hat der Präsident soeben verlesen. Erlauben Sie mir aber, daß ich denselben nochmals verlese. Er lautet:

> »Da der bewaffnete Friede durch seine stehenden Heere den Völkern Europas eine unerträgliche Bürde auferlegt, und die bürgerliche Freiheit gefährdet, so erkennen wir das Bedürfniß an, einen Völkercongreß ins Leben zu rufen, zu dem Zwecke einer allgemeinen europäischen Entwaffnung.«

Meine Herren! Die Frage könnte scheinen eine utopistische zu sein. Sie ist es aber nicht. Sie ist nichts weiter, als die positive Consequenz, die wir aus der Revolution ziehen müssen, und die positive Consequenz, die aus dem sehr humanen und anerkennenswerthen Berichte unseres Ausschusses zu ziehen ist. Ihr Ausschuß, meine Herren, hat das Verdienst, daß er das Factische, das jetzt in der Welt besteht, den Weg, den ein humanes Princip in Europa gemacht, anerkennt, daß er die Reconstituirung der Völker auf den humanen Grundlagen, die die gegenwärtige Revolution der Welt predigt, und nicht nur predigt, sondern durch neue Institutionen ins Werk gesetzt hat, anerkennen, und darauf eine neue Welt bauen will. Dieß ist etwas sehr Großes, und wir haben gewiß das Wort des Herrn Präsidenten sehr zu beachten, daß wir den Zweck, diesen großen und gewichtigen Gedanken, den Frieden Europas auf der neuen Basis, durch nichts, was Leidenschaft oder Kriegsgelüste oder Parteisucht ist, stören möchten. Die ganze bisherige Entwickelung Europas ist mit der jetzigen Revolution zu einem großen Abschluß gelangt, und es ist gewiß richtig, daß der Ausschuß in seinem ersten Satz anerkannt, die Selbstständigkeit und Ehre jeder Nation sei das oberste Princip ihres Verfahrens, und in dem zweiten Satze, die Nichtintervention der Völker aus principiellen Rücksichten in die inneren Angelegenheiten anderer Völker. Es ist damit anerkannt, daß jedes Volk nach der Bildung, die ihm innewohnt, sich selbstständig zu entwickeln habe. Diese Grundsätze haben wir nicht anzufechten. Indessen ist, seitdem das Christenthum in die Welt kam, ein allgemeines Princip in der Welt vorhanden, das alle Völker durchdringt. Die verschiedenen Parteien der verschiedenen Völker sind Freund mit einander, und der Grundsatz der französischen Nation, den Lamartine ausgesprochen hat, daß nämlich die französische Republik in dem Falle, daß um sie herum sich demokratische Republiken bildeten, und von ihr Unterstützung verlangten, diesem ihrem Princip ihre Unterstützung angedeihen lassen wolle, ist gewiß ein richtiger. Es ist dieß ein höherer Gesichtspunkt, als der Gesichtspunkt der Nichtintervention. Der Gesichtspunkt, daß man für seine Partei auch in dem fremden Volke Partei ergreife, ist richtig. Die Humanität ist derjenige Gedanke, ist die Consequenz des Christenthums, welche jetzt durch die ganze Welt sich zieht, und in der ganzen Welt realisirt werden wird. Meine Herren! Lassen Sie uns eine humane Frage human behandeln. Die großen Principien sind keine Utopien. Der menschliche Geist ist das Utopien, welches uns Alle beherrscht, über Alles den Sieg feiert. Als die Puritaner aus England mit der Republik im Herzen, und die Quäker dazu nach Nord-Amerika gingen, da haben sie die Utopien, die in ihren Herzen lebten, und wozu sie den Ort in England nicht finden konnten, in den Urwäldern Nord-Amerikas gefunden, und von den Urwäldern Amerikas, wo sie die Republik gründeten durch die Unabhängigkeitserklärung und Constituirung der Vereinigten Staaten von Nord-Amerika, sind diese utopistischen Ideen, die den Menschengeist in jener großen Zeit der Reformation bewegt haben, und die aus der Reformation eine Republik haben hervorgehen lassen, zurückgekehrt nach Frankreich. Die französische Revolution hat diese großen Ideen über unsern Welttheil getragen, und seit der französischen Revolution ist auf dem französischen Thron kein Prinz wieder geboren worden, der über Frankreich regiert hätte; seitdem und bis auf den heutigen Tag haben nur Parteimänner über Frankreich regiert, die *vor* der französischen Revolution geboren wurden, Napoleon nicht ausgenommen, der nichts im Herzen hatte, als den Begriff des alten Despotismus und der Tyrannei. Seitdem beginnt nun eine neue Periode von Europa. Die napoleonische Periode und darauf folgende heilige Alliance ist das alte Europa. Die heilige Alliance, meine Herren, hatte aber einen humanen Grund, die Ordnung der europäischen Differenzen durch friedliche Übereinkunft; sie ist zwar ein Fürstencongreß gewesen, aber die Fürstencongresse repräsentirten damals die Völker. Wie wir jetzt den Fürstencongreß des

Bundestags aufgelöst, und an seine Stelle den Volkscongreß hier in der Paulskirche gesetzt haben, so werden die Nationen Europas gezwungen sein durch die Logik der Ereignisse, an die Stelle der Fürsten-Congresse in Zukunft den Völkercongreß zu setzen. Der Völker-Congreß von Abgeordneten der freien Völker zur friedlichen Schlichtung ihrer Angelegenheiten, das ist der Gegensatz des bisherigen Systems; es ist das nordamerikanische System; es liegt also kein Utopien in dem Völkercongresse. Das System der Congresse wird erst dann ein wahres, *wenn Diejenigen, welche den Congreß bilden, von dem Volke zum Congreß gewählt sind; die wahren Congresse sind nur die Völkercongresse, die falschen sind die Diplomatencongresse.* Darum hat auch die Schweiz den Diplomatencongreß, genannt Tagsatzung, der ein falscher war, und erst seit der letzten Erhebung wahr wurde, aufgehoben, und in ihrer neuen Verfassung an die Stelle des Diplomaten-Congresses den schweizerischen Volkscongreß gesetzt. Meine Herren! Ich schlage also nichts Verkehrtes, nichts Utopistisches, nichts Unmögliches vor, sondern ich schlage vor, daß das denkende Volk der Deutschen, welches es sich zur Ehre schätzt, das einzige Volk zu sein, das die Philosophie consequent fortgebildet, und die Blüthe der reinen, freien, vollkommenen, befreiten Philosophie hervorgebracht hat; ich schlage Ihnen vor, daß dieses deutsche Volk die Initiative ergreife in diesem großen Gedanken, und daß es den übrigen Völkern diesen Gedanken ans Herz lege. Es wird Niemand in dieser Versammlung sein, der dagegen ist, daß wir die Ehre, das philosophische Volk genannt zu sein, in Anspruch nehmen, und wenn auch Einzelne aus Mißverstand dagegen sich aufgelehnt haben, meine Herren, so wollen wir ihnen das verzeihen mit dem großen Worte des großen Reformators: *»Sie wissen nicht, was sie thun.«* Die Elemente aber zu dem Antrag, den ich hier gestellt habe, liegen in Europa schon vor. Sie liegen vor in der Politik der Franzosen; sie liegen vor in der Politik der Engländer; sie liegen vor in unserer Entwickelung, und in unsern eigenen Gedanken. Die französische Politik wird beherrscht durch den Anstoß, welchen ihr die Februarrevolution gegeben hat; sie ist beherrscht durch den großen Mann Lamartine, der proclamirt hat, die Principien der neuen Revolution seien die Principien des Humanismus, die Principien des Friedens, und der zuletzt gesagt hat, das Princip, das er proclamirt, hätte sich so sehr bewährt, daß er überzeugt sei, die jetzige, mehr kriegerische Regierungsgewalt werde nicht umhin können, die Consequenzen seiner richtigen Politik forthin auch noch zu befolgen, und dieß würde das einzige Richtige sein, und so lange er eine Stimme in dem Rathe seines Landes hätte – und Sie werden zugeben, er hat eine sehr gewichtige – so lange würde diese Politik darauf hingehen, eine Vereinigung mit Deutschland um jeden Preis herbeizuführen. Diese Vereinigung mit Deutschland, meine Herren, hat darin ihre Möglichkeit, daß durch die Lamartine'sche Idee, durch die humane Politik dieses Mannes und durch die Macht, welche diese große Idee über alle Herzen der Franzosen gewonnen hat – denn in Frankreich ist es nicht der Fall, wie bei uns, daß man hochherzige Männer, Dichter und Philosophen verachtet, *weil* sie Dichter und Philosophen sind; nein, meine Herren, man ehrt sie deßhalb, weil sie es sind; man hat Lamartine nur deßwegen das Vertrauen geschenkt, und die Poesie Lamartine's hat sich sehr praktisch bewiesen; es hat sich gezeigt, daß, obschon ihm alle Politiker, vom National bis zum letzten Pariser Blatt, vorwarfen, er sei nur ein Poet, kein Politiker, er in dieser großen Krisis der einzige, der größte Politiker Frankreichs gewesen ist – daß die humane Politik dieses Mannes, die Friedenspolitik, in Frankreich durchdringen werde. Er hat den alten Titel der gloire française gänzlich gestürzt; er hat gesagt, Napoleon war kein Diplomat, er wußte nicht mit den Völkern umzugehen; sein einziger Diplomat war die Kanone. – Die Brutalität des Kanonirens (Gelächter) und des Füsilirens hat Lamartine in den Herzen der Franzosen, welche lange Zeit rechte Narren des Pistolenschießens und des Kanonirens gewesen sind, für immer gestürzt; denn selbst die Kriegspartei hat ihm Beifall gegeben, und der National hat es nicht vermocht, mit den großen Gedanken des Reformators der französischen Republik etwas Anderes vorzunehmen, als zu wiederholen, was Lamartine in seinem Manifeste gesagt hat. Wenn Marast, früher der größte Anhänger der Kriegspartei, nichts Anderes wußte, als diesen Gedanken zu wiederholen, und ihn seiner Partei, der Kriegspartei, der ehemaligen napoleonischen Kriegspartei zu empfehlen, so werden Sie mir zugeben, das Kriegsgelüste ist in den Herzen der Franzosen gestürzt. Wir haben also alle Ursache, uns darauf zu verlassen, daß die Franzosen diesen Weg, der ihnen einen großen Einfluß in Europa verschafft, der sie auf eine neue Stufe der Macht in Europa erhoben hat, beibehalten, und daß es möglich geworden ist, jenen Vorwurf, den wir ihnen einst mit Recht gemacht haben, sie wären Länderfresser, sie wären Kriegslustige; sie wären es, die uns das Elsaß genommen hätten, die uns die Pfalz verbrannt, die uns durch ihre Eroberungsgelüste so viel Unheil zugefügt haben, ich sage, – daß es jetzt möglich geworden ist, diesen Vorwurf den Franzosen abzunehmen. Und wenn ihre politischen officiellen Organe dieses aussprechen, so werden wir einigermaßen uns beruhigen können. Nun dieß möglich geworden ist, so haben wir von Seiten der Franzosen alle Hoffnung, daß, wenn unser Gedanke von jenem Volke aufgefaßt wird, Alles dazu hinwirkt, die ungeheure Last der Bewaffnung des Militärs, diese verrückten Festungsbauten, wie den von Paris, welcher Millionen und Milliarden verschlungen, und zu nichts genützt hat, als den Beutel des französischen Volks zu leeren, diese ganze Dummheit der Festungswirthschaft aufzugeben, und die Barbarei der Kriegspolitik in Europa zu stürzen. Wenn die Franzosen zu diesem Gedanken gelangt sind, werden wir hoffen dürfen, daß die ganze Welt dazu gelangt; denn die Engländer sind nicht dagegen, und wir Deutsche sind ein friedfertiges Volk; wir wollen den Krieg weder um des Ruhms, noch um des Vortheils willen. Es sind aber nicht nur die Franzosen, welche die Möglichkeit einer europäischen Entwaffnung in Aussicht stellen, es sind auch die Engländer, die dasselbe in Aussicht stellen, denn die Cobden'sche Partei ist es, die schon lange darauf angetragen, und vor der Revolution schon darauf gedacht hat, man müsse eine europäische *Be*waffnung herbeiführen. (Heiterkeit. Mehrere Stimmen: *Ent*waffnung, nicht *Be*waffnung!) Die *Be*waffnung ist wahrlich groß genug, da wir ja eine ganze Million Soldaten auf die Beine bringen wollen, aber die *Ent*waffnung habe ich natürlich gemeint. Die Cobden'sche Partei hat dieß schon im Jahre 1847 vorgeschlagen; des Engländers Ansicht von Kriege ist überhaupt eine ganz andere, als die der GLOIRE, des Pistolen- und Kanonenschießens; englische Ansicht vom Kriege ist die, daß man Soldaten hat, um sie zu mercantilen und civilen Zwecken zu gebrauchen; sie betrachten den Kriege nur als ein Handelsmittel, als einen bewaffneten Handel mit den Barbaren. Das ist die Ansicht der Engländer vom Krieg, so haben sie mit China gewirthschaftet, und so würden sie mit Deutschland wirthschaften, wenn Deutschland nicht aufhörte, ein China zu sein, was zu bewerkstelligen wir eben im Begriffe sind, wir arbeiten hier daran, daß diese chinesische Wirthschaft in Deutschland endlich ihr Ende erreiche. (Bravo und Händeklatschen.) Wenn die Engländer also aufhören, uns für eine Nation zu halten, die man mit Gewalt benützen und auskaufen kann, so haben sie keine Ursache, kriegerisch sich gegen uns zu verhalten. Auch wird Niemand daran denken, und es hat Niemand daran gedacht, daß die Engländer uns erobern könnten oder wollten. Man hat immer gewußt, daß die Engländer dieß nie im Sinne hatten, denn die englische Bewaffnung ist so gut wie keine. England ist schon so gut wie entwaffnet. Hingegen mit Frankreich ist es etwas Anderes, welches erst jetzt durch uns und durch die Verhältnisse im Osten Europas von der Möglichkeit einer Entwaffnung überzeugt werden muß. Endlich unsere, die deutsche Ansicht der Sache brauche ich Ihnen nicht lange zu entwickeln; unsere Ansicht ist nicht kriegerisch, wir haben keine große Feldherren, und die wir hatten, haben mehr ein populäres, als ein Feldherrn-Verdienst, wie der alte Blücher, dessen Talent zurückstand hinter der großen Popularität, womit er die Massen zu behandeln wußte; und wäre er auch ein noch so großer General gewesen, so ist sein populärer Ruhm so eigenthümlicher Natur, daß diejenigen Herren, welche eine besondere militärische GLOIRE im Auge haben, gewiß die Größe Blücher's nicht zum Muster nehmen werden. (Heiterkeit in der Versammlung.) Bei uns überhaupt, meine Herren, die wir denn doch nur ein philosophisches Volk sind, haben die *schlagenden* Gründe bis auf die letzte Zeit, die ich allerdings bedaure, kein sonderliches Gewicht gehabt; wir sind immer der Meinung gewesen, mit Gründen der Vernunft könne man durchdringen, und ich bin noch der Meinung, daß selbst in der Majorität dieser Versammlung die Gründe der Vernunft prävaliren werden. (Bravo und Händeklatschen.) Obgleich die Majorität dieser Versammlung in einigen Fragen gegen meine Ansichten ist, (Gelächter) so glaube ich doch, wie ich schon bei anderer Gelegenheit gesagt habe, daß zuletzt die Vernunft der Sache die Majorität vollkommen beherrschen wird, und daß es ein Frevel wäre, mit *»schlagenden«* Gründen gegen eine solche Majorität aufzutreten, wie denn auch der Frevel, den die Franzosen zu früh, und ehe noch die Versammlung sich gehörig discreditirt hatte, unternahmen, gänzlich fehl schlug, und von Rechtswegen unterdrückt wurde. Meine Herren! Wir haben mit unserer ganzen Entwickelung auch in der letzten Periode dargethan, daß wir dem Militär abgeneigt sind; alle unsere Empörungen sind Empörungen gegen das Militär, vielweniger gegen die Regierungsgewalt und das Königthum, es waren Empörungen gegen das Militär, und diese Empörungen gegen die Junker im Militär, gegen die Garde du Corps etc., sie indiciren den germanischen Geist, daß wir eine bürgerliche Freiheit und keine Militärwirthschaft wollen; (Bravo!) unsere ganze Bewegung hat die Richtung auf den parlamentarischen Kampf, und diesen kann Niemand besser eingehen, als eine philosophische Nation, welche das Gesetz der Majorität anerkennt, aber auch die Anarchie des theoretischen Geistes, die freie Discussion der Minorität, welche das Recht hat, fortwährend zu protestiren, und neue Majoritäten zu schaffen durch die Presse, durch die Volksversammlungen und durch alle agitatorischen Mittel, die gerecht, erlaubt, und durch unsere Revolution feierlichst sanctionirt worden sind, und welche der richtige Instinkt des Volkes sich nicht wieder nehmen lassen wird. (Bravo!) Meine Herren! Unsere Bewegung geht darauf hin, das Militär zu entwaffnen, und das Volk zu bewaffnen, das Volk aber nicht als militärische Cadres zu organisiren, sondern, wie Nord-Amerika und die Schweiz schon längst gethan haben, als Miliz. Wir dürfen uns nicht fürchten vor den Russen und Barbaren. Wir können heute entwaffnen, es hätte nichts zu bedeuten; wir würden uns zu halten wissen, wie die Schweiz sich zu halten gewußt hat, als man noch in ganz Europa meinte, die Schweiz hätte gar keinen Willen, und mittelst der Noten lächerlicher Gesandten könnte man mit der Schweiz anfangen, was man wollte, – die Schweiz hat gesiegt, und die Schweiz hat gezeigt, daß auch die kleine Nation, die sich erhebt, eine Großmacht ist. (Bravo!) Es ist aber nicht bloß der Zug unsrer Geschichte, welcher uns darauf hinführt, das Volk zu bewaffnen, und die stehenden Heere aufzuheben, sondern es ist auch das ungeheure Bedürfniß, diese furchtbaren Ausgaben für Müßiggänger und Fresser des Staatsvermögens aufzuheben, und diese vielen Millionen und Milliarden auf die Industrie und auf die Schulen zu verwenden, und schon die Kinder in diesem Spiel der Waffen zu üben, damit sie es als Männer von selbst verstehen. Das ist der Zug der deutschen Geschichte, das die Möglichkeit, welche die Engländer uns bieten, den Entwaffnungscongreß einzuleiten, das die Möglichkeit, welche uns auch die Franzosen bieten. Wir können also bei einem Völkercongreß, wo wir diese populäre Idee, die kein Utopien ist, sondern die in der Schweiz und in Amerika bereits existirt, wir können für die Schöpfung jener großen, einfachen Republikaner jetzt auch bei uns in Europa auf Sympathieen und auf Erfolg rechnen. Wir brauchen nur diesen Gedanken in den Congreß zu werfen, und wir werden Sympathieen finden. Der Franzose wird es uns danken, daß das peuple philosophique einmal einen nicht somnambulen und nicht träumerischen, sondern einen realen, den realsten Gedanken herbeibringt, und sie auffordert, in diesen Gedanken einzugehen; die Engländer werden finden, daß wir ihren Vorschlag von 1847 gut benutzt haben. Um uns von der Wichtigkeit der Entwaffnung zu überzeugen, sehen wir nach Nord-Amerika. Es ist dort eine durchgehende politische Maxime, keine stehenden Heere zu haben; das zeigen alle Paragraphen der amerikanischen Constitution, welche auf diese Sache Bezug haben. Es gibt keine einzige Constitution in Amerika, in welcher nicht der Paragraph stände, daß die stehenden Heere in Friedenszeiten gefährlich sind, und daß sie nirgends existiren sollen ohne die jedesmalige Zustimmung der gesetzgebenden Versammlung. Daß das Heer unter der genauen Controle der Civilmacht gehalten, und von der Civilmacht absolut beherrscht werden soll, das ist ein Grundsatz der amerikanischen Constitutionen, welcher, von Washington eingeleitet, in alle Einzelverfassungen übergegangen ist; und es ist eine Maxime, welche durchaus in die deutsche Constitution und unter die Maximen des öffentlichen Verhaltens eingereiht, die aber auch in das europäische Völkerrechtssystem hineingelegt werden muß. Denn wir müssen den bewaffneten Frieden, welchen aufrecht zu erhalten, eine Unmöglichkeit ist, abschaffen, nicht nur, weil es eine Unmöglichkeit ist, sondern auch, weil er eine Barbarei ist, ein ganz verkehrter Weg gegen alle Ordnung der Freiheit, gegen die neue Ordnung, gegen die demokratische und republikanische Ordnung, die wir gründen wollen; wir müssen die alte Furcht vor den Fremden, wir müssen die Furcht, daß die französischen Kriegsparteien uns verschlingen möchten, daß die Russen uns verschlingen könnten, zerstören, und dafür die neue Idee annehmen, das Selbstbewußtsein und Kraftgefühl eines freien Volkes, welches jeden Augenblick sich erheben, und seine Feinde niederschlagen kann. – Ich habe Ihnen gezeigt, meine Herren, daß ein europäischer Völkercongreß zu einer allgemeinen Entwaffnung durch die Ereignisse der letzten Bewegung vorbereitet ist, daß in den Köpfen der Franzosen dafür die Prämissen vorhanden sind, daß bei den practischen Engländern dieser Gedanke eine angemessene Geltung gewonnen hat, und daß derselbe in unserer Bildung und politischen Tendenz schon liegt, denn wir haben ihn in Europa erfunden mit unserer Erhebung gegen alle Militärwirthschaft, und es ist nur diese Thatsache allgemein zu formuliren in dem Gedanken: Also muß das Militär überhaupt aufhören, damit die Unbewaffneten nicht mehr unterdrückt, damit die Städte nicht mehr bombardirt werden, damit die ganze schlechte Wirthschaft des alten Regiments aufhöre, und die bürgerliche Ordnung nur durch die Bürger aufrecht erhalten werde. – Es ist nun die Frage, was wir von diesem Congresse der freien Völker, d. h. ihrer Abgeordneten, zu erwarten haben. Nichts Geringeres, als daß der Frieden in Italien, daß der Frieden in Polen wieder hergestellt werde. Nur ein solcher Congreß, auf der Basis allgemeiner Entwaffnung errichtet, ist im Stande, recht im Sinne der europäischen Bewegung, die nichts Anderes will, als die gegenwärtige Revolution, als die auf parlamentarische und bürgerliche Freiheit gerichtete Bewegung, aufrecht erhalten, sie in dem Geleise zu erhalten, wohin sie gehört, das heißt, in dem Geleise der Reconstituirung aller europäischen Völker, und ich schließe hiervon Rußland nicht aus. Die Bewegung wird die Macht haben, auch Rußland zu reconstituiren, wie dieß ja auch in Österreich und Preußen geschehen ist, und wenn es noch nicht ganz geschehen ist, wird man die Gegner bald noch definitiv stürzen. Auch in Rußland wird die Militärwirthschaft aufhören, und wenn die freien Völker sich genöthigt sehen, dazu hilfreiche Hand zu leisten, so wäre dieß der letzte Krieg, der Krieg gegen den Krieg, der Krieg gegen die Barbarei, welche der Krieg ist. Ich bin der Meinung, daß ein solcher Völkercongreß, den anzubahnen Deutschland die Macht, und sogar die Pflicht hat, eine friedliche Lösung der europäischen Differenzen herbeiführen wird. Es ist mit uns die Sympathie der Franzosen für die Befreiung Polens und Italiens, es ist mit uns der Vortheil der Engländer in allen Reichen der Welt – denn die Engländer können in Europa nicht, wie in China, mit Kanonen Handel treiben – die Sitte dieses freien Handelsvolkes, und, meine Herren, das Dritte ist unser eigener Idealismus, unsre Gewohnheit, dem Gedanken die Ehre zu geben, großen Gedanken zu folgen, und die großen Gedanken der Philosophen und Dichter zu ehren, ein Idealismus, welcher in unserm Volke steckt, weil es bisher nichts hatte, als Gedanken, und weil ihm die Realität des Staatslebens fehlte, – dieser Idealismus ist uns eine Bürgschaft, daß wir zu der Consequenz unsrer geistigen Bildung uns hinreißen lassen werden, diesen Gedanken der Entwaffnung mit Energie zu ergreifen und durchzuführen. Die drei großen Nationen Europas, England, Frankreich und Deutschland werden sich also in dem Gedanken einigen, und Rußland wird sich nicht isoliren. Und wenn es sich isoliren wollte, so würde es den letzten Krieg, den Krieg gegen das barbarische Militärsystem, verlieren, wogegen sich jetzt schon seine eigene Bauernbevölkerung erhebt. Es ist dieß kein utopischer Vorschlag, sondern dieser Gedanke hat alle Prämissen des Gelingens für sich. Ich schlage Ihnen daher vor, meine Herren, daß Sie diesen Zusatz in die Grundsätze und Maximen für die politischen Verhältnisse, für die völkerrechtlichen Verhältnisse Europas mit aufnehmen, und daß Deutschland die ehrenhafte

Mission in die Hand nimmt zu einer allgemeinen *Be*waffnung – (Viele Stimmen: *Ent*waffnung!) *Ent*waffnung – so sehr, meine Herren, ist man von den fixen Ideen der alten Zeit durchdrungen – damit es möglich werde, die Revenüen des Staates zu Zwecken der Industrie und der Bildung des Volkes anzuwenden, und dem Volke wirklich zu helfen, indem wir den ungeheuern Alp der fixen Idee, ich meine die Militärwirthschaft, von der Brust des deutschen Volkes abwälzen. Dreißig Jahre lang haben wir diese Fresser unterhalten, und als es zum Klappen kam, sind sie überall geschlagen worden von Leuten, die keine Waffen hatten. (Bravo auf der Linken.) In Berlin sind sie geschlagen worden. (Bravo auf der Linken. Auf der Rechten eine Stimme: Sie sind in Prag nicht geschlagen worden! Andere Stimmen: Schluß!) Sie brauchen mir nicht »Schluß!« zuzurufen, ich hätte schon, wenn Sie mich nicht unterbrochen hätten, selbst geschlossen. Ob das Militär in Prag geschlagen worden ist, ist mir einerlei, ist es auch nicht geschlagen worden, so wird es gewiß noch geschlagen werden. Ich schlage Ihnen vor, meine Herren, daß dieser Zusatz in die allgemeinen Grundsätze unser Politik, wofür wir die Initiative ergreifen wollen, mit aufgenommen werde. (Stürmisches Bravo von der Linken. Einige Stimmen: Abstimmung!)

(22. 7. 1848)

Nachwort von Peter Wende

1. Es ist gewiß übertrieben, in Ruge einen deutschen Voltaire oder Rousseau, den »eigentlichen Vater von 1848« zu sehen[1], – dennoch: als seine Schrift über den Patriotismus erschien, war der bereits notorische Junghegelianer unstreitig einer der einflußreichsten Publizisten seiner Zeit; viele fürchteten den bissigen Kritiker, verfolgten ihn als gottlosen Freigeist, verleumdeten ihn als gefährlichen Nihilisten, als Verräter an der deutschen Sache, als vaterlandslosen Gesellen, – andere aber bewunderten in ihm den unermüdlichen Vorkämpfer für eine auf Vernunft und Freiheit gegründete bessere Welt, manche wiederum belächelten seine Ideen und Ziele, die sie kurzerhand als Utopien eines Phantasten abtaten. Wenn des ungeachtet heutzutage sein Name gemeinhin nur denen geläufig ist, die sich mit der Geistesgeschichte des deutschen Vormärz näher befassen, so läßt sich dies auf manche Weise erklären. Zunächst einmal ist der größte Teil der zahllosen Schriften Ruges polemisch, radikale Zeitkritik, meist aus konkretem Anlaß entstanden, und da er es bewußt verschmähte, in grundsätzlichen theoretischen Abhandlungen ein eigenes System zu errichten, vergilben nun seine Blätter unter dem Wust von Pamphleten und Traktätchen der Publizistik der dreißiger und vierziger Jahre des vorigen Jahrhunderts. Hinzu kommt eine weit verbreitete Geringschätzung der sog. ›Junghegelianer‹, die – Marx und

1 Nerrlich 1, S. XXVIII

Feuerbach ausgenommen – gern als sterile Epigonen des Meisters katalogisiert werden, als bloße Diadochen, deren Anspruch auf eine geistige Führungsposition sich nicht auf eigene Leistungen gründete, sondern auf die Anmaßung, die legitimen Verwalter des philosophischen Erbes Hegels zu sein, dessen Dialektik sie als ihr Werkzeug solange virtuos handhabten, bis sie zum bloßen Stilmittel einer lautstarken Rhetorik herabgewürdigt war[2].

In solchen Urteilen, die vom Standpunkt einer systematischen Philosophiegeschichte eine gewisse Berechtigung haben mögen, schwingt oft ein leiser Unterton des Mißtrauens gegenüber dem Typus des ›Intellektuellen‹ mit, der in seinen Manifesten, Thesen und Programmen den Staat in aller Öffentlichkeit rücksichtslos kritisiert oder gar zum Umsturz der bestehenden Verhältnisse, zur Revolution, aufruft. Leider treffen jedoch derlei Be- oder gar Verurteilungen der Junghegelianer nicht nur eine philosophische Sekte oder einen exzentrischen Literatenzirkel, sondern zugleich eine der Hauptquellen der radikaldemokratischen Bewegung in Deutschland, deren Gedankengut sich keineswegs im Plagiat bzw. der Modifikation naturrechtlicher Staatstheorien westeuropäischer Provenienz erschöpfte, vielmehr durchaus auch in der Tradition des deutschen philosophischen Idealismus wurzelte.

Nun ist es um die Historiographie der demokratischen Bewegung im Deutschland des frühen 19. Jahrhunderts ohnehin nicht gut bestellt. Das Interesse der Parteigeschichtsschreibung galt bzw. gilt vornehmlich dem klassischen Liberalismus einerseits oder der Tradition des

2 Z. B. Löwith, S. 79

sozialen Gedankens andererseits, und so ist es nicht verwunderlich, daß man dabei mit solch einem Querkopf wie Ruge nicht allzu viel anzufangen wußte. Hier verübelt man ihm die Kritik an Liberalismus, Nationalismus, Historismus, Preußentum usw., dort kann man es ihm nicht vergessen, daß er es wagte, sich mit Marx zu überwerfen, gegen den Kommunismus zu Felde zu ziehen, am Individualismus festzuhalten; – bestenfalls wird er als ein wankelmütiger Geist dargestellt, der mehr oder weniger blindwütig nach allen Seiten Hiebe austeilt, ohne einen eigenen Standpunkt zu besitzen[3]. Doch in der radikalen Kritik Ruges, die nahezu alles, was den Zeitgenossen lieb und teuer war, attackierte und in der vorliegenden Schrift über den Patriotismus wohl ihre schärfste Ausprägung erfuhr, steckt Methode.
Statt etwa aus dem Rugeschen Text Lehren für unsere Zeit zu exzerpieren, soll dieser Methode hier nachgegangen und damit zugleich ein Aspekt des demokratischen Radikalismus im Deutschland des Vormärz skizziert werden. Nicht kunstvolle ›Parallelen‹ sollen die Verbindung zum Heute liefern, sondern eine Fragestellung, die Geschichte gegenwärtig werden läßt, weil sie aus der Gegenwart erwächst.

II. Wie bereits angedeutet, entwickelte Ruge kein philosophisches System, – auch nicht in der 1850 veröffentlichten Schrift *Unser System*. In dieser Sammlung von Abhandlungen, Manifesten und Reflexionen findet sich jedoch der bezeichnende Satz: ». . . der Inhalt meiner Schriften ist überall die Opposition«; und diese ständige Kritik ist

3 So erscheint er im Urteil seines Biographen Neher

nun allerdings System, denn für Ruge sind Philosophie und Opposition »das nämliche Malheur«[4]. Mit dieser Gleichung will er, der sich gern scherzhaft in der Rolle des »Kavalleriegenerals der Hegelei« sah[5], eine Interpretation der Philosophie Hegels liefern, die gleichzeitig deren Überwindung aus den ihr eigenen Voraussetzungen impliziert. Hegel habe sich zuletzt, d. h. besonders in seiner Rechts- und Religionsphilosophie, in die Sphäre der Abstraktion zurückgezogen, sich nur noch einseitig theoretisch verhalten und versucht, seinen Standpunkt als den absoluten zu befestigen. Statt überall die Vernunft in der Wirklichkeit zu erkennen, gilt es nun, die Wirklichkeit mit dem Maßstab der Vernunft zu messen; indem die Einsicht mit der Unvernunft der Existenzen konfrontiert wird, tritt sie der Wirklichkeit als Kritik gegenüber. So offenbart die Kritik die Diskrepanz zwischen Sein und Sollen und aktiviert damit zugleich den Willen, denn »erst das Wollen ist das reelle Denken[6].«

Der Einzelne darf sich nun nicht mehr mit der »faulen Beschaulichkeit des Hegelianismus begnügen«[7], die Kritik drängt zur Praxis, »denn die wahre Verbindung des Begriffes mit der Wirklichkeit ist nicht die Apotheose der Existenz zum Begriff, sondern die Inkarnierung des göttlichen Begriffs zur Existenz[8].«

So wird der Immanenzgedanke der Hegelschen Philosophie zum Vehikel einer voluntaristischen Philosophie der Tat umgeformt. Wenn sich dabei von neuem ein Dualismus von Wirklichkeit und dem ›leidigen Sollen der Praxis‹

4 Unser System, S. II, 9 5 Nerrlich I, S. 154 6 Werke III, S. 274
7 Werke III, S. 404 8 Werke III, S. 282

auftut, so wäre es doch irreführend, hier einfach von einer »Renaissance der Aufklärung« zu sprechen[9]. Zwar sieht sich Ruge im Einklang mit den großen Repräsentanten der Aufklärung, er will deshalb jedoch nicht hinter Hegel zurückgehen. Seine Hegel-Kritik ist zugleich Hegel-Apologetik.

Die zur Tat drängende Kritik orientiert sich nämlich nicht an außergeschichtlichen, absoluten Normen. Sie ist statt dessen in die Geschichte eingebettet, eins mit der fortschreitenden Entfaltung des Geistes, die Reflexion des Selbstbewußtseins auf den jeweiligen Inhalt einer bestimmten Stufe im historischen Prozeß. Indem dieses Selbstbewußtsein sich durchaus als Resultat der Geschichte begreift, übt es Selbstkritik und bewirkt so dialektisch seine eigene Aufhebung, »denn das inhaltsvolle Sollen der sich selbst erkennenden geschichtlichen Gegenwart ist die Dialektik der Geschichte selbst[10].« Die Philosophie, die als Summe der geistigen Arbeit zugleich stets ihre Negation, die Zukunft, in sich trägt, wird so zum movens der Geschichte; denn aus dem Nachdenken über das Vorhandene entsteht auf dem Wege über die Kritik und den Willen zur Tat das Neue.

Daraus folgt einerseits, daß alle Manifestationen des Geistes, wie Wissenschaft, Staat und Gesellschaft, Religion, ja selbst die Philosophie Hegels unter dem Gesetz der Entwicklung stehen, ihre Inhalte keinen Anspruch auf absolute Gültigkeit anmelden können, – andererseits, daß von nun an wahre Philosophie stets auch Kritik sein muß, und zwar Kritik, die zugleich den Impuls und die Maßstäbe für die zukunftsträchtige Tat impliziert.

9 Rosenberg, S. 283   10 Werke III, S. 404

Für den Hegelianer Ruge vollzieht sich diese Entwicklung selbstredend im Rahmen des Staates, der als »ewige Bestimmtheit«, als »ethische Realität« das »Ei der Geschichte« ist[11]. Damit ist aber nicht gesagt, daß in Anlehnung an Hegels Staatsrecht die augenblickliche Verfassung des preußischen Staates verabsolutiert werden darf; – im Gegenteil: Königtum, Majorate, Zweikammersystem usw. müssen als historische Existenzen erkannt, d. h. anerkannt, kritisiert und überwunden werden. Mit der zunehmenden Bedeutung, die der Staat für die Entfaltung der Geschichte besitzt, muß er so zum vornehmsten Gegenstand der kritischen Philosophie werden, die als das Prinzip der Unruhe, das Element der Bewegung »gegenwärtig zu der Fähigkeit und zu dem Beruf erhoben ist, auch die historischen und politischen Fragen zum Nutzen der Praxis aufzuklären[12].« Die Philosophie als politische Opposition gehört aber nicht mehr ins stille Kämmerlein, sondern auf den Marktplatz der öffentlichen Meinung. Entsprechend verstand Ruge seinen Auftrag, als er 1838 aus Halle schrieb: ». . . ich schlüge die Krone von Rußland aus gegen mein Haus in Halle, welches nur ›zur goldenen Krone‹ heißt und keine andere Macht gibt, als das Gegenteil von dem dummen archimedischen Punkt, nämlich einen Punkt *mitten* in, nicht *außer* der Welt[13].«

III. Philosophie ist für Ruge mit Opposition gegen jeden status quo identisch. Nur der »auflösende Denker« kann als »Mensch der Geschichte« diese vorantreiben[14]. Da Ge-

11 Werke III, S. 280, s. o. S. 92, III, S. 403 12 Werke IV, S. 30
13 Nerrlich I, S. 129 14 Werke VI, S. 33

schichte nichts anderes ist als Fortschritt des Geistes im Bewußtsein der Freiheit, steht die Kritik stets im Dienste der Freiheit, d. h. an der bislang verwirklichten Freiheit sich orientierend, auf deren Unzulänglichkeit reflektierend, postuliert sie deren Weiterentwicklung. Dementsprechend sieht Ruge die Aufgabe seiner Epoche in der »Verwirklichung der geistigen Freiheit zur politischen[15].«

Wiederum dient der Staat als Vehikel, aber die Realisierung der politischen Freiheit erschöpft sich nicht in der Freiheit des Staates, sie wird erst in der Freiheit des Staatsbürgers vollendet. Und wiederum knüpft Ruge an Hegel an: dieser habe unstreitig das Verdienst, die Souveränität auf die freie Selbstbestimmung des Staates gegründet zu haben, aber er habe es versäumt, Staatssouveränität und Volkssouveränität gleichzusetzen, die Anschauung eines hinter seiner Zeit zurückgebliebenen Staates habe Hegel verleitet, irrtümlich die Selbstbestimmung des Staates von der des Individuums zu trennen.

Die politische Freiheit des einzelnen, die Ruge gegen Hegel fordert, erschöpft sich dabei keineswegs in bloßer Selbständigkeit, denn das ist »eine rohe Auffassung der Freiheit, wenn man nichts als die unabhängige und die individuelle Existenz zu ihrem Prinzip macht[16].« Wo das Recht jedem eine Freiheitssphäre garantiert, da wird zwar die Regulierung streitender Interessen erreicht, aber zugleich werden Schranken errichtet, die den Bürger vom Bürger trennen und ihn so nicht zum Staatsbürger werden lassen. Dergleichen Prinzipien eines an den Grundsätzen des Rechtsstaats sich orientierenden Liberalismus schaffen

15 Werke III, S. 381 16 s. o., S. 38

nur »negative Freiheit«, bewirken die bloße Gestaltung des Lebens, »was auch im Bienenstaat erreicht wird«[17]. Das Wesen der Freiheit läßt sich jedoch nicht in Gesetzesbüchern und Verfassungsurkunden einfangen. Diese sind zwar notwendig, um Hindernisse aus dem Weg zu räumen und Voraussetzungen zu schaffen, aber die Freiheit ist nicht etwas, das fertig vorgefunden wird, sie läßt sich weder schenken noch verordnen. »Die Freiheit ist darum so schwer zu realisieren, weil jeder sie sich aus sich, in sich und mit den andern aus ihnen und in ihnen erzeugen muß[18].« Dieser Satz muß mit der Überzeugung Ruges in Zusammenhang gesehen werden, wonach der in der Geschichte zu seinem Selbstbewußtsein gelangende Geist nun eine Stufe in diesem Prozeß erreicht hat, auf der er zu seiner Freiheit nur noch durch die Freiheit der Individuen gelangen kann. Nach der Entmachtung aller übrigen Mächte bleibt »der selbstbewußte und sich frei bestimmende Mensch, der Geist ist. Dessen Freiheit ist das Absolute, welches von sich selbst anfängt und sich selbst zum Ziel hat[19].«

Eine so verstandene Freiheit kann nicht Besitz sein, sie mündet in Tätigkeit, in bewußte Mitarbeit an dem Werk »alle Menschen zur Würde des Menschen zu erheben[20].«

Die Zeitgenossen auf dieses mühselige Geschäft der Freiheit vorzubereiten und zugleich dafür optimale Voraussetzungen in der ›Welt der Existenzen‹, d. h. in Staat und Gesellschaft, zu schaffen, darin sieht Ruge das Ziel seiner Opposition. Hier ist die Basis seiner wandlungsfähigen

17 Werke VI, S. 353, III, S. 338 18 Werke VI, S. 357
19 Werke VI, S. 35 20 Werke III, S. 115

politischen Doktrin, die Plattform, von der aus er seine Attacken gegen alles führt, was die Freiheit des Individuums hemmt oder gar in Frage stellt.

IV. Unter diesem Gesichtspunkt werden in Manifesten, Rezensionen und Artikeln vor allem der Hallischen und Deutschen Jahrbücher Katholizismus, Pietismus, dogmatischer Protestantismus und schließlich jede Religion, Absolutismus und Konstitutionalismus, Preußen, Österreich, Rußland und England, historische Rechtsschule und Liberalismus, die Romantik und das Junge Deutschland wie auch die Tradition der Freiheitskriege und der Patriotismus vor den Richtstuhl der kritischen Philosophie zitiert und verurteilt; – selbstredend jedoch nicht auf einmal in Bausch und Bogen. Einzelne Akzentverschiebungen und eine durchgehende Radikalisierung stehen dabei im Zusammenhang mit den politischen Ereignissen der vierziger Jahre, d. h. besonders mit der Reaktion Preußens auf die Angriffe Ruges.

Dabei war er anfangs Seite an Seite mit der preußischen Regierung im Kölner Kirchenstreit gegen den Katholizismus zu Felde gezogen, hatte er versucht, den Staat vor dem schädlichen Einfluß solch reaktionärer Tendenzen wie dem hierarchischen Pietismus, dem Mystizismus oder der mißverstandenen Hegelschen Philosophie zu bewahren. Ruge setzte seine ganze Hoffnung zunächst auf Preußen, das als der protestantische Staat par excellence, der in der Tradition der Reformation lebt, der schlechthin welthistorische Staat ist. Dieser Staat wird Deutschland aus den Fesseln der Restauration befreien, dann in diesem neuen einigen Deutschland aufgehen, einem Deutschland, das Europa und der Welt die wahre Freiheit schenken wird, denn die politische Freiheit der Franzosen muß erst durch die Deutschen philosophisch vertieft werden, ehe durch sie die Geschichte auf eine neue Stufe gehoben werden kann. – Auch hier liegen, wie so oft, die Parallelen zu Hegel und zu Fichte auf der Hand.

Doch bald folgt diesem anfänglichen Enthusiasmus Ernüchterung. Die preußische Politik denkt nicht daran, die von Ruge aufgestellten Richtlinien zu akzeptieren. Seine Bemühungen um eine Professur in Halle scheitern, hinzu kommen Schwierigkeiten mit der Zensur. Und als Ruge schließlich in der Person Friedrich Wilhelms IV. die personifizierte Romantik erkennt – und Romantik ist für ihn stets der Gegenpol zu dem neuen Humanismus, für den er kämpft – da läßt der endgültige Bruch nicht mehr lange auf sich warten. Parallel dazu wandelt sich sein Urteil über den Protestantismus, den er anfangs als das Prinzip der freien Entwicklung überhaupt begreift. Kurze Zeit später kritisiert er allerdings bereits dessen »abstrakte Innerlichkeit«, die zu einer politischen Abstinenz führe, zu »Folgerungen . . ., die der politischen Freiheit völlig entgegengesetzt sind[21].« 1845 bescheinigt er dann dem Protestantismus, überhaupt keine Freiheit hervorgebracht zu haben, denn er sei letztlich doch bloße Religion geblieben, die in Anlehnung an Feuerbach als Anthropologie oder gar Ideologie decouvriert und durch ein säkularisiertes Christentum in Gestalt des neuen Humanismus, der die Verwirklichung des Menschen in der Welt fordert, ersetzt werden müsse.

21 Werke III, S. 271, 448

v. In den hier flüchtig skizzierten Rahmen seiner politischen Philosophie muß Ruges Schrift über den Patriotismus gestellt werden, auch sie ist ein Stück Opposition im Kampf für Humanität: für Vernunft und Freiheit. Die bereits angeführte Enttäuschung über die Weigerung der preußischen Politik, die ihr von Ruge zugewiesene Führungsrolle im historischen Prozeß zu übernehmen, erklärt dabei die Vehemenz, mit der er hier Preußen attackiert. An die Stelle Preußens soll aber nun nicht etwa Frankreich, sondern die deutsch-französische Allianz treten als unwiderstehliche Union von philosophischer Einsicht und politischer Tatkraft. Die kurzlebigen deutsch-französischen Jahrbücher leitete Ruge entsprechend mit den Sätzen ein: »Le but des Annales de l'Allemagne et de la France est de donner la solution philosophique et politique des divers problêmes qui remuent aujourd'hui partout la société en Europe ... L'alliance et l'union de la France et de l'Allemagne sont le voeu le plus cher de ce travail. C'est dans ce milieu qui'l faut chercher l'avenir de l'Europe. La liberté des nations modernes, une liberté active et vivante, doit sortir de l'union salutaire et féconde des deux pays[22].« Diese Allianz sah Ruge allerdings durch das seit 1840 wieder gespannte deutsch-französische Verhältnis gefährdet, sie mußte fragwürdig erscheinen angesichts eines Nationalismus, der auf der einen Seite den Rhein als natürliche Grenze forderte, und auf der anderen Seite sang: »Sie sollen ihn nicht haben, den freien deutschen Rhein«.

So war es nur folgerichtig, gegen diesen Patriotismus aufzutreten, denn in ihm sah Ruge eine Bedrohung des Fort-

22 Werke IX, S. 143 f.

schritts, und wenn er dabei in erster Linie den deutschen Patriotismus aufs Korn nahm, dann deshalb, weil er sich in dieser Schrift an seine Landsleute wandte. Er leugnete nicht etwa den französischen Nationalismus, er sah allerdings in dessen Anprangerung kein geeignetes Mittel zur Bekämpfung eines übersteigerten deutschen Nationalgefühls und verfocht außerdem die Ansicht, der französische Patriotismus sei dem Humanismus zumindestens zeitweilig recht nahe gewesen.

Wie Ruge sich gegen ein Preußen wendet, das sich weigert, in die Zukunft aufzubrechen, so zieht er gegen einen deutschen Patriotismus zu Felde, der völlig unkritisch den status quo, »mit dem Bestand der Landesgrenze ... jeden Bestand« verteidigt[23]. Dabei macht seine Patriotismuskritik auch nicht vor dem Nationalgefühl der Erhebung von 1813 halt, die für ihn nicht in den Freiheitskrieg, sondern einen Befreiungskrieg mündete. Zwar konnte die patriotische Bewegung damals für sich das unstreitige Verdienst in Anspruch nehmen, ein politisches Interesse geweckt zu haben, dessen Diesseitigkeit den einzelnen aus den Fesseln der Religion befreite und dem Staat zuführte; – auch übernahm die patriotische Nationalbewegung z. T. die freiheitlichen Forderungen des Liberalismus, als sie wie dieser in Opposition zu der Restaurationspolitik Metternichs gedrängt wurde; aber auf der einen Seite hatte die nun geweckte Begeisterung für den Staat nur dessen Unabhängigkeit, keineswegs die innere politische Freiheit zum Gegenstand, auf der andern war die Verbindung des Patriotismus mit liberalem Gedankengut zu oberflächlich, sie

23 s. o., S. 52

war nicht im Feuerofen der Hegelschen Philosophie gehärtet worden. Daher blieben die in ihrer Intention vorbildlichen preußischen Reformen in Ansätzen stecken, waren die »Freiheitskriege Restaurationskriege . . ., eine Auflehnung der Unabhängigkeit gegen die (freilich ausgeartete und von sich selbst abgefallene) Freiheit. In ihnen siegt das alte Europa, das feudale England und der konterrevolutionäre Kontinent über die Revolution[24].«

So tat sich damals ein verhängnisvoller Gegensatz von national und freiheitlich auf, und dieser Dualismus wird um so fataler, je mehr die alten Freiheitskämpfer sich in dem Lager der politischen Romantik verschanzen und dort »eine abenteuerliche, eine gefahrdrohende Reaktion gegen Vernunft und Geschichte« anzetteln[25]. Bereits 1841 hatte sich Ruge vorgenommen, gegen deren ›forciertes Deutschtum‹ einmal energisch aufzutreten. Die Empörung, die seine seit 1844 verschiedentlich geführten Attacken gegen den Patriotismus dann auslösten, war für den unermüdlichen Kämpfer nur die Bestätigung, den Feind an seiner verwundbarsten Stelle getroffen zu haben.

Es soll hier nicht der Gedankengang der Abhandlung über den Patriotismus im einzelnen nachgezeichnet werden, – prägnanter als Ruge es selbst tut, läßt sich seine Kritik ohnehin nicht formulieren. Aber diese Kritik ist streckenweise einseitig, bewußt zugespitzte Polemik und muß daher mit weiteren Äußerungen Ruges zum Thema Patriotismus sowie mit den Axiomen seines ›Systems‹ im Zusammenhang gesehen werden, will man ihr im Rahmen

24 Werke III, S. 467 25 Werke IV, S. 72 f.

der deutschen Geistesgeschichte des 19. Jahrhunderts gerecht werden.

In einem der *Offenen Briefe zur Verteidigung des Humanismus* an Prutz, den er bald nach der Veröffentlichung der Patriotismusschrift zu deren Verteidigung abfaßte, findet sich der Satz: »Vaterländisch und human sind Gegensätze«, der bezeichnenderweise fortgeführt wird: »um so schlimmer, da sie es nicht sein sollten[26].« Ruges Ausfälle gegen den Patriotismus richten sich im Grunde nur gegen den bornierten aggressiven Nationalismus, der im Namen der Eigentümlichkeit und Besonderheit des status quo die Freiheit bekämpft. Seine Ablehnung des Patriotismus mündet nicht in Staatsfeindlichkeit. Im Gegenteil. Auch der zeitweilig sehr spürbare Einfluß Marx' und der Lehren der französischen Sozialisten, wie er z.B. in der Patriotismusschrift offenkundig ist, darf nicht darüber hinwegtäuschen, daß für Ruge der Staat stets ›die Form der Entwicklung‹ liefert. Die Freiheit, für die er gegen den Patriotismus kämpft, ist, wie schon erwähnt, keinesfalls individualistische Staatsabstinenz, das ›Privatinteresse der Zivilisation‹, sondern die oben beschriebene tätige Mitarbeit »an dem historischen Problem einer Zeit, welche das Volk als konstituiertes Gemeinwesen ausführt[27].«

Damit steht nun Ruge, der Ankläger des Patriotismus, durchaus in der Tradition des deutschen Idealismus, dessen Leistung auf dem Gebiet der politischen Philosophie vor allem die Entwicklung des Nationalgedankens war[28]. Während die Aufklärung Individuum und Staat durch

26 s. o., S. 85 27 s. o., S. 32

28 Hierzu und zum folgenden vgl. Vossler, passim.

eine Kluft getrennt hatte, wird durch den Nationalgedanken der Einzelne an den Staat herangeführt, jedoch nicht, um einseitig an den Staat gebunden zu werden, sondern um mit diesem eine dialektische Verbindung einzugehen. So tritt an die Stelle der abstrakten und daher ohnmächtigen Moral eine konkrete Sittlichkeit, die im Staat den Rahmen für die Verwirklichung der allgemeinen Menschheitsforderungen schafft. Wie bei Fichte, den Ruge z. T. allerdings gründlich mißversteht, der ›deutsche Nationalgeist‹ letztlich nicht in einer blutsmäßigen oder historischen Gemeinsamkeit wurzelt, sondern Postulat einer allgemeinen Vernunft ist, so darf auch für Ruge die Nation ihren Gemeinwillen nicht aus der geographischen, sprachlichen oder geschichtlichen Einheit ableiten, sondern nur aus dem allen gemeinsamen Ziel, der Realisierung des Humanismus in der ethischen Gemeinschaft, denn »die Nation ... erhebt sich zur Würde einer wahren ethischen Existenz nur, wenn sie ein humaner, ein freier, ein vernünftig geordneter Staat von freien Menschen ist[29].«

Als »Liebhaber« solch eines »zukünftigen Vaterlandes« darf man Patriot sein. Doch »das Vaterland fehlt uns; darüber klage ich mit dir«, bis dahin aber »ist es erlaubt, keinen Patriotismus zu haben«[30], ja es ist zugleich verboten, für einen Nationalgedanken einzutreten, der nicht an einen freiheitlich-vernünftigen Inhalt gebunden ist. Diesen einzig möglichen Gehalt des Patriotismus sieht Ruge bislang nirgends gegeben, wenn er – durchaus konsequent – nicht den Nationalgedanken schlechthin ablehnt, sondern den deutschen, Schweizer, englischen, amerikanischen oder

29 s. o., S. 92 30 s. o., S. 86, Nerrlich 1, S. 408

französischen Patriotismus untersucht, kritisiert und als gefährlich oder unzulänglich abtut. Da er sich so an keinem bestehenden Staatswesen mehr orientieren kann, führt er die internationale Partei des Fortschritts gegen einen der Reaktion verhafteten Nationalismus ins Feld. Damit ist zugleich der erste Schritt in Richtung auf den Kosmopolitismus getan. Dazu wird Ruge aber nicht nur gedrängt, weil er seinen Humanismus an keiner konkreten Nation ausrichten kann, vielmehr fordert sein Freiheitsgedanke bereits aus sich heraus den Übergang vom Nationalstaat hin zu in einer als Völker- oder Staatenbund sich organisierenden Menschheit. Der Humanismus, der allein Kern eines Nationalismus sein kann, hat zugleich die Freiheit aller Menschen zum Gegenstand. »Nicht also aus dem Gegensatz gegen andere freie Individuen, sondern aus der Ehre und Genugtuung, mit ihnen übereinzustimmen, entspringt das wahre Selbstgefühl ... der Patriotismus würde dadurch zur Bildung, zur Freiheit selbst, und zwar zur Freiheit von den Schranken der Naturroheit, die Volk von Volk trennte«[31]. Der wahre Nationalgedanke, der den engstirnigen Patriotismus überwindet, impliziert als Endziel den Völkerbund, »einen Universalstaat, in dem alle Völker nur Provinzen sind«[32]. Zwar bleibt der Staat bestehen, aber nur als notwendiges Zwischenglied, denn »der Inhalt des Interesses für den eigenen Staat [kann] das allgemeine Interesse, die allgemeine Freiheitsdialektik sein«[33].

Auch hier braucht auf die Verwandtschaft zu Fichte, und zwar diesmal dem jungen Fichte, nicht besonders verwie-

31 s. o., S. 39 32 s. o., S. 90 33 Nerrlich 1, S. 431

sen zu werden. Darüber hinaus steht Ruge mit seinem Völkerbundsplan, wie er ihn beispielsweise in seiner berühmten Rede vor der deutschen Nationalversammlung entwickelte, in der großen europäischen Tradition der Lehre vom Ewigen Frieden, die bis in unser Jahrhundert reicht. Ausdrücklich bezog er sich in diesem Zusammenhang auf die ›christliche Einheit der mittelalterlichen Universalmonarchie‹ sowie auf die Heilige Allianz als übernationale Institution, die allerdings nur noch als eine ›humane Allianz‹ wiedererstehen kann, in der Völkerkongresse die Fürstenkongresse ablösen. Die Realisierung dieses Postulats schließt notwendig das Ende jeglicher Machtpolitik ein, denn wenn überall der Geist der Freiheit herrscht, wird staatlicher Egoismus hinfällig. Statt dessen ordnet sich das Recht der souveränen Nationen einem Völkerrecht unter, dessen Normen dem freiheitlichen Geist der Epoche entsprechen, d. h. »die ausdrückliche traktatmäßige Anerkennung des Rechts der Völker zur Befriedung ihres Geistes im freien Staat« beinhalten[34]. Damit ist das universale Reich der Freiheit errichtet, ein Kosmos entstanden, in dem Individuen und Nationen nicht durch Schranken voneinander getrennt sind, sondern nur in der gegenseitigen Durchdringung bestehen können und so die fortschreitende Entfaltung des Geistes gewährleisten.

VI. Wenn im Vorhergehenden die enge Beziehung der Patriotismusschrift zum Nationalgedanken aufgezeigt wurde, soll Ruge damit nicht der Inkonsequenz bezichtigt werden:

34 Werke III, S. 431

im Gegenteil – dies beweist, daß der Verfasser dem Streben nach nationalstaatlicher Einheit, das die deutsche Geschichte des 19. Jahrhunderts nun einmal entscheidend prägt, nicht fernstand, wobei er allerdings den Einheitsgedanken in seiner Philosophie eines neuen Humanismus weitgehend dem Freiheitsgedanken unterordnet.

Philosophische Kritik war für Ruge stets politische Tat, und er wußte sehr wohl, daß der Politiker mit seinen Vorstellungen ›in der Zeit‹ sein muß. Zwar bleibt die Kritik die Leistung des Einzelnen, aber zum movens der Geschichte wird sie nur, wenn sie zugleich die Grundlage zu einem neuen Bewußtsein der Masse liefert, die ihrerseits durch die historische Situation auf diese Entwicklung vorbereitet ist, d. h. in einer Tradition steht, die sie für das Neue aufnahmebereit macht. »Wäre die Erkenntnis, der helle Tag der Idee, nicht ebenfalls in den andern, so würde er [der Philosoph] sein Wort in den Wind reden, wenn er es überhaupt aussprechen könnte . . . Das schöpferische Individuum hat in seiner Schöpfung nur die Ehre, die neue Stufe, die schon an sich ist, durch das primitive Erkennen und Aussprechen des neuen Selbstbewußtseins einzuführen[35].« »Die Bildung der Masse« als »die Realität der Theorie«[36] macht die Probe aufs Exempel, beweist, daß die Kritik aus der in der Geschichte fortschreitenden Entwicklung des Geistes erwächst.

Diese Forderung ist zugleich Ruges Dilemma. Kein Wunder, daß er in seiner Rede in der Paulskirche die Mitglieder der Nationalversammlung verdächtig oft beschwört, sein Projekt eines Völkerkongresses nicht als Utopie abzu-

35 Werke III, S. 218 36 Werke III, S. 220

tun, denn verlangt er doch damit von einem Volk, dessen Partikularismus zunächst einmal den Nationalstaat scheitern ließ, bereits den Universalstaat zu akzeptieren. Er, der redlich bemüht ist, seine politischen Forderungen an die Überzeugungen bzw. an die Belehrbarkeit des Volkes zu binden, ist auch ehrlich genug, sich die konservative Grundhaltung der vox populi einzugestehen, die ›Realität der Illusion‹ als Faktum zu akzeptieren. Wenn er sieht, daß kein Volk so frei ist, daß ihm nicht seine Philosophen zu frei wären, so scheint zuweilen ein psychologisch verständlicher Pessimismus seinen philosophischen Optimismus zu verdrängen; besonders dann, wenn er sich mit der Feindseligkeit seiner Landsleute konfrontiert sieht, die seiner Meinung nach aus der trägen Beschaulichkeit und der politischen Abstinenz des deutschen Bürgertums resultiert. So schreibt er 1843 resignierend aus Paris: »Mit dem deutschen Philister kann niemand eine Revolution machen: sie würden nicht um eine Haaresbreite freier, wenn man auch das Unterste zu oberst kehrt, und nach der Revolution würden sie erst recht niederträchtige Einrichtungen machen, z. E. die Juden aufhängen und die Philosophen zum Teufel jagen[37].«

Aber Ruge weiß auch, daß seine Maxime: »Die Probleme der Zeit müssen im Besitz des Volkes und für das Volk sein, um ein wirkliches Leben in dieser Welt zu führen«[38] nicht mit der Rezeption gängiger Überzeugungen oder gar Vorurteile gleichzusetzen ist; denn »wer aber nichts will, als was auch ohne ihn die Welt schon will, der will etwas völlig Überflüssiges . . .«[39]. Mitunter versucht er, seinem

37 Nerrlich I, S. 325 38 Werke III, S. 95 39 s. o., S. 96

Dilemma einfach durch eine Neufassung seines Volksbegriffes zu entgehen, den er auf den vierten Stand, den ›Pöbel‹, reduziert, der jetzt im Bunde mit der Intelligenz allein noch eine revolutionäre Potenz verkörpere, – letztlich aber überwindet er seinen Pessimismus immer wieder durch den unausrottbaren Glauben an sich selbst. »Der Mensch, der sich mit aller Energie in seinen Zweck vertieft und ihn nie aus den Augen läßt, hat magische Gewalt über die äußeren Dinge«[40] schreibt er einmal, und die geduldige Überzeugung von der Unwiderstehlichkeit seiner Mission klingt an in den Worten: »Dies ganze liberale und rationalistische Volk ist politisch unfähig. Nun? Was denn? Wir müssen ein anderes machen, und ich halte dafür, daß dies viel Zeit kosten wird . . .«[41].

40 Nerrlich 1, S. 231 41 Nerrlich 1, S. 311

Quellennachweise

I. *Der Patriotismus:*
Arnold Ruge, Sämtliche Werke Bd. VI, Mannheim 1847, S. 237–346.

II. *Aus einem offenen Brief zur Verteidigung des Humanismus an Robert Eduard Prutz:*
Arnold Ruge, Sämtliche Werke Bd. IX, Mannheim 1847, S. 252–282. (Auszüge)
Diese Schrift wurde zuerst veröffentlicht unter dem Titel ›Auch ein Politiker‹ in: Arnold Ruge, Politische Bilder aus der Zeit Bd. I, Mannheim 1847. Sie ist Ruges Replik auf Robert Eduard Prutz, Vaterland? oder Freiheit? Brief an einen Freund, Kleine Schriften Bd. I, Merseburg 1847, S. 69 ff.

III. *Rede Arnold Ruges in der 45. Sitzung der Deutschen Nationalversammlung in der Frankfurter Paulskirche (22. 7. 1848):*
Stenographischer Bericht über die Verhandlungen der deutschen konstituierenden Nationalversammlung zu Frankfurt am Main (hg. von F. Wigard), Bd. II, Frankfurt 1848, S. 1098–1101.

Zeittafel

1802 Am 13. 9. wird Arnold Ruge in Bergen auf der Insel Rügen als Sohn eines Pächters geboren.

1818–1821 Besuch des Gymnasiums zu Stralsund.

1821–1824 Studium der Theologie und klassischen Philologie in Halle, Jena und Heidelberg; wird aktives Mitglied der Burschenschaft und des Geheimbundes ›Bund der Jungen‹.

1824 Verhaftung und Verurteilung zu 15 Jahren Festung durch ein preußisches Gericht wegen ›Teilnahme an einer das Verbrechen des Hochverrats vorbereitenden geheimen Verbindung‹.

1825–1830 Haft in Kolberg. Lektüre der griechischen Klassiker.

1831 Lehrer am Pädagogium in Halle. Habilitation für historische Philologie und alte Philosophie mit der Schrift ›Die platonische Ästhetik‹.

1832 Heirat und Italienreise.

1833 Tod der ersten Frau. In den folgenden Jahren eifriges Studium Hegels.

1834 Heiratet Agnes Nietzsche.

1838–1841 Ruge und sein Freund und Kollege Theodor Echtermeyer geben die Hallischen Jahrbücher heraus. Wichtige Aufsätze Ruges: Streckfuß und das Preußentum (1839); Zur Kritik des gegenwärtigen Staats- und Völkerrechts

(1840); Über Gegenwart und Zukunft der Hauptmächte Europas (1840); Gemeinsam mit Echtermeyer das berühmte Manifest: Der Protestantismus und die Romantik (1840). Stadtverordneter in Halle.
Ruge bereist die deutschen Universitäten und kann als Mitarbeiter für seine Zeitschrift u. a. gewinnen: Strauß, Feuerbach, Vischer, Rosenkranz, Laube, Prutz, Mohl, Bluntschli, Droysen.

1841 Am 2. 7. wird wegen der preußischen Zensur die Redaktion der Zeitschrift nach Dresden verlegt.

1841–1843 Die Zeitschrift erscheint unter dem Titel: Deutsche Jahrbücher für Wissenschaft und Kunst. Abhandlungen Ruges: Der protestantische Absolutismus und seine Entwicklung (1841); Der christliche Staat (1842); Die Hegelsche Rechtsphilosophie und die Politik unserer Zeit (1842); Selbstkritik des Liberalismus (1843).

1843 Unterdrückung der Deutschen Jahrbücher. Übersiedlung nach Paris. Kontakte mit Marx und der deutschen Emigration in der Schweiz.

1844 In Paris erscheint der erste und einzige Band der berühmten ›Deutsch-französischen Jahrbücher‹, den Ruge gemeinsam mit Marx herausgibt. Zerwürfnis mit Marx. Auseinandersetzung mit dem Sozialismus beginnt. Abfassung der Patriotismusschrift.

1845 Übersiedlung nach Zürich. Enge Zusammenarbeit mit dem radikalen Publizisten Julius Fröbel. Auseinandersetzung mit dem Kommunismus, vor allem Moses Heß

1846 Rückkehr nach Leipzig. Gründung einer eigenen Verlagsbuchhandlung.

1848 Gibt nach Ausbruch der Revolution in Leipzig und Berlin die radikaldemokratische Zeitschrift ›Die Reform‹ heraus. Abgeordneter für Breslau in der Frankfurter Nationalversammlung. Dort Mitglied der äußersten Linken, des sog. ›Donnersberg‹. Geht im Oktober nach Berlin und wird am 14. 10. von der Nationalversammlung ausgeschlossen. In Berlin Teilnahme am Demokratenkongreß (26.–31. 10.).

1849 Am 21. 1. wird Ruge aus Berlin ausgewiesen. Teilnahme am Aufstand in Sachsen im Mai. Flucht nach Karlsruhe. Geht im Interesse der badischen Revolutionäre nach Paris. Von Paris über Brüssel nach London. Gründet dort gemeinsam mit Mazzini und Ledru Rollin das ›Europäische demokratische Kommittee für die Solidarität der Partei ohne Unterschiede der Völker‹.

1850–1880 Deutschlehrer in Brighton. Schriftstellerische Tätigkeit.

1866 Bekennt sich im Manifest an die deutsche Nation zumindest zeitweilig zur Politik Bismarcks.

1876 Von Bismarck wird Ruge ein jährlicher Ehrensold von 3000 Mark zugesprochen.
1880 Am 31. 12. stirbt Ruge in Brighton.

Ausgewählte Bibliographie

I. A. Ruge u. Th. Echtermeyer, Hallische Jahrbücher für deutsche Wissenschaft und Kunst. 3 Bde., Leipzig 1838 bis 41.

ders. u. ders., Deutsche Jahrbücher für Wissenschaft und Kunst. 3 Bde., Leipzig 1841–43.

ders., Anekdota zur neuesten deutschen Philosophie und Publizistik. 2 Bde., Zürich 1843.

ders., Sämtliche Werke. 10 Bde., Mannheim 1846–48.

ders., Politische Bilder aus der Zeit. 2 Bde., Mannheim 1847/48.

ders., Akademie, Philosophisches Taschenbuch. Leipzig 1848.

ders., Unser System. T. I–III. Leipzig 1850. (ed. C. J. Grece, Ffm. 1903).

ders., Die Loge des Humanismus. Leipzig 1851.

ders., Aus früherer Zeit. 4 Bde., Berlin 1863–67.

ders., Manifest ›An die deutsche Nation‹. Hamburg 1866.

ders., Geschichte unserer Zeit. Leipzig 1881.

ders., Briefe und Tagebuchblätter. (ed. P. Nerrlich), 2 Bde., Berlin 1886.

II. Fr. Blaschke, Das Verhältnis Arnold Ruges zu Hegel, Diss. Leipzig 1919.

K. Fischer (Pseud. Frank) Arnold Ruge und der Humanismus (in Wigands Epigonen IV) 1847.

D. Hertz-Eichenrode, ›Massenpsychologie‹ bei den Junghegelianern, Internat. Rev. of Social History VII, 1962.

H. Kornetzki, Die revolutionär-dialektische Entwicklung in den Hallischen Jahrbüchern, Diss. München 1956.

M. G. Lange, Arnold Ruge und die Entwicklung des Parteilebens im Vormärz, in: Einheit; Theoret. Zeitschr. d. wiss. Sozialismus, Jg. III, 1948.

K. Löwith, Von Hegel zu Nietzsche, 2. Aufl., Stuttgart 1950.

G. Mayer, Die Junghegelianer und der preußische Staat, Historische Zeitschrift 121, 1920.

ders., Die Anfänge des politischen Radikalismus im vormärzlichen Preußen. Zeitschrift f. Politik VI, 1913.

W. Neher, Ruge als Politiker und politischer Schriftsteller, Heidelberg 1833.

W. Piechocki, Die kommunalpolitische Wirksamkeit A. Ruges in Halle während der Jahre 1831–1841. Festschrift d. M. Luther Universität Halle–Wittenberg, Halle 1967.

H. Rosenberg, Arnold Ruge und die Hallischen Jahrbücher, Archiv f. Kulturgeschichte XX, 1930.

H. Strauß, Zur sozial- und ideengeschichtlichen Einordnung Arnold Ruges, Schweizer Beiträge zur allgem. Geschichte XII, 1954.

O. Vossler, Der Nationalgedanke von Rousseau bis Ranke, München 1937.

P. Wende, Radikalismus im Vormärz, Wiesbaden 1975.

I. Wykowski, Die Kritik der deutschen Radikalen an den Begriffen Nation, Nationalität und Patriotismus, Diss. Göttingen 1950.